Einführung in die arabisch-persische Schrift

Einführungen
in fremde Schriften

Arabisch-persisch

Chinesisch

Griechisch

Hebräisch

Japanisch

Koreanisch

Thai

Tibetisch

HELMUT BUSKE VERLAG
HAMBURG

Einführung in die arabisch-persische Schrift

von
Mohammad-Reza Majidi

HELMUT BUSKE VERLAG
HAMBURG

Die Deutsche Bibliothek – CIP-Einheitsaufnahme

Majidi, Mohammad-Reza:
Einführung in die arabisch-persische Schrift /
Mohammad-Reza Majidi. – 2., durchges. und erw. Aufl. –
Hamburg : Buske, 1996
ISBN 3-87548-125-9

 – Druck: Strauss Offsetdruck GmbH, Mörlenbach. Verarbeitung: Buchbinderei Schaumann, Darmstadt. Werkdruckpapier: alterungsbeständig nach ANSI-Norm resp. DIN-ISO 9706, hergestellt aus 100 % chlorfrei gebleichtem Zellstoff. Printed in Germany.

Vorwort zur zweiten Auflage

Die Schrift, die im Iran als persische Schrift, in den arabischen Ländern als arabische und von vielen Iranisten, Arabisten und anderen Wissenschaftlern als arabisch-persische Schrift bezeichnet wird, ist ein Abkömmling der nordsemitischen Schriften. Viele Sprachen aus verschiedenen Sprachgruppen wurden und werden in dieser Schrift geschrieben. Gemessen an ihrer Verwendung steht sie an zweiter Stelle hinter der Lateinschrift.

Die arabisch-persische Schrift ist auch kulturell mit vielen Völkern, wie den Arabern, Persern, Kurden, Tadschiken, Afghanen, Indern, Spaniern und Türken, verbunden. Auf religiösem Gebiet ist sie hauptsächlich mit dem Islam verknüpft. Die weite Verbreitung der arabisch-persischen Schrift beruht vor allem auf dem kulturellen, politischen und religiösen Einfluß des Islam.

Diese Arbeit wurde möglichst vielseitig angelegt. Sie enthält sowohl einen Abriß der Geschichte und Entwicklung der arabisch-persischen Schrift als auch eine Beschreibung des arabischen und persischen Lautsystems.

Bei der Vorbereitung dieser Arbeit stand mir die Bibliothek der Abteilung Iranistik der Universität Hamburg zur Verfügung; hierfür und für sein großes Interesse an iranischen Sprachen und iranischer Kultur danke ich Herrn Prof. Dr. Ronald E. Emmerick, dem Direktor dieser Abteilung.

Zur Fertigstellung dieser Arbeit wurden Geräte und Materialien des Instituts für Phonetik, Allgemeine Sprachwissenschaft und Indogermanistik der Universität Hamburg benutzt. Dafür bedanke ich mich bei Herrn Prof. Dr. Magnús Pétursson und Herrn Prof. Dr. Elmar Ternes.

Hamburg
im März 1996

Mohammad-Reza
Majidi

Inhaltsverzeichnis

Abkürzungen und Symbole:

Abb.	Abbildung
Akk.	Akkusativ
Anm.	Anmerkung
arab.	arabisch
dt.	deutsch
engl.	englisch
Gen.	Genetiv
Mio.	Million
Nom.	Nominativ
Orth.	Orthographie
pers.	persisch
Pers.suf.	Personalsuffix
Pl.	Plural
Sing.	Singular
Suf.	Suffix
tür.	türkisch
vgl.	vergleiche
[....]	phonetische Schreibung
/..../	phonemische Schreibung
(....)	fakultatives Element
Ø	Nullelement
-	Morphemgrenze
´	phonemischer Akzent (über dem Vokal)

Verzeichnis der vom Gebrauch der IPA abweichenden Transkriptionssymbole:

in diesem Werk	IPA[1]
a	/æ/ (im pers. Lautsystem)
ā	/ɒ/ (im pers. Lautsystem)
č	/tʃ/ (im pers. Lautsystem)
ǰ	/dʒ/ (im arab. und pers. Lautsystem)
š	/ʃ/ (im arab. und pers. Lautsystem)
ž	/ʒ/ (im pers. Lautsystem)
ġ	/ɣ/ (im arab. und pers. Lautsystem)

---

1) Vgl. The Principles of the International Phonetic Association 1974.

Transkriptionssymbole der Arabistik und Iranistik

a. Transkriptionssymbole der Arabistik mit Schriftzeichen und Lautwert:

Symbol	Schriftzeichen	Lautwert
ʾ	ا, ء	/ʔ/
ʿ	ع	/ʕ/
a	ـَ, Ø	/a/
ā	ا, آ, ى	/a:/
b	ب	/b/
d	د	/d/
ḍ	ض	/đ/
ḏ	ذ	/ð̆/
f	ف	/f/
ġ	غ	/ġ/
ǧ	ج	/ǰ/
h	ه	/h/
ḥ	ح	/ħ/
ḫ	خ	/x/
i	ـِ, Ø	/i/
ī	ى	/i:/
k	ك	/k/
l	ل	/l/
m	م	/m/
n	ن	/n/

q	ق	/q/
r	ر	/r/
s	س	/s/
ṣ	ص	/ȿ/
š	ش	/š/
t	ت	/t/
ṭ	ط	/ŧ/
ṯ	ث	/θ/
u	ـُ, Ø	/u/
ū	و	/u:/
w	و	/w/
y	ی	/j/
z	ز	/z/
ẓ	ظ	/ƶ/

b. Transkriptionssymbole[1], die traditionell in der Iranistik verwendet werden (mit Schriftzeichen und Lautwert):

Symbol	Schriftzeichen	Lautwert
ʾ	ء, ا	/ʔ/, [ʔ], /a,e,o/
ʿ	ع	/ʔ/, [ʔ], /a,e,o/
a	ـَ, ا, ع, Ø	/a/

1) Vgl. dazu auch Eilers 1967⁻.

Symbol	Schriftzeichen	Lautwert
ā	ا, آ, عا	/ā/
b	ب	/b/
č	چ	/č/
d	د	/d/
e	ـِ, ا, ع, Ø	/e/
f	ف	/f/
g	گ	/g/
ġ	غ	/ġ/
ǧ	ج	/ǰ/
h	ه	/h/
ḥ	ح	/h/
ẖ	خ	/x/
i	ـِ, ا, ع, Ø	/e/
ī	ی, عی	/i/
k	ك	/k/
l	ل	/l/
m	م	/m/
n	ن	/n/
o	ـُ, ا, ع, Ø	/o/
p	پ	/p/
q	ق	/ġ/
r	ر	/r/
s	س	/s/
ṣ	ص	/s/

s̱	ث	/s/
š	ش	/š/
t	ت	/t/
ṭ	ط	/t/
u	ـُ, ا, ع, Ø	/o/
ū	و, عو	/u/
v, w	و	/v/, [w]
y	ی	/j/
z	ز	/z/
ẓ	ظ	/z/
ż	ض	/z/
ẕ	ذ	/z/
ž	ژ	/ž/

1. Die arabisch - persische Schrift

Die arab.- pers. Schrift ist eine linksläufige Kursivschrift. Sie hat sich aus der aramäischen Schrift entwickelt. Die aramäische Schrift gehört zu den Schriften der nordsemitischen Gruppe (vgl. das Schema auf S. 3). Im 3. Jh.n.Chr. begann man, das Arabische in der aramäischen Schrift zu schreiben. Die Mehrdeutigkeit der aramäischen Buchstaben im Arabischen wurde durch diakritische Punkte beseitigt. Aus der arabisch geschriebenen aramäischen Schrift haben sich zwei Duktus weiterentwickelt: die Kūfī-Schrift (كوفى arab. /ku:fi:/, pers. /kufî/) und die Nasxī-Schrift (نسخ arab. /nasx/, pers. /násx/). Die nach der Stadt Kufa in Mesopotamien benannte Kūfī-Schrift hat eckig-geometrische Züge. Die älteste Inschrift in der Kūfī-Schrift wurde 691/2 n.Chr. auf dem Felsendom in Jerusalem angebracht:

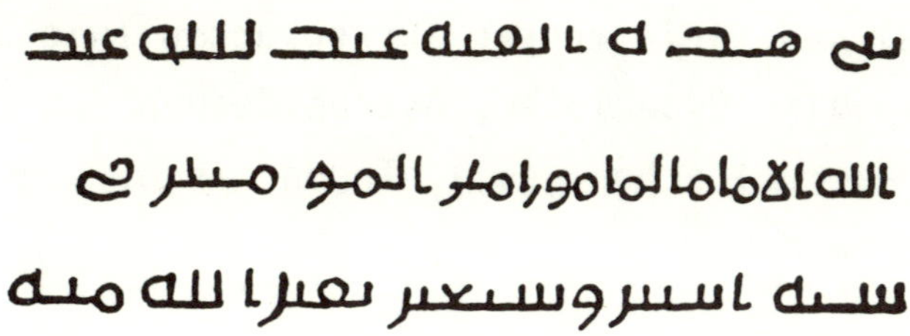

Die Übersetzung lautet: "Diesen Dom erbaute der Diener Gottes ʿAbd-Allah-el-Imām-el-Maʾmūn, Fürst der Gläubigen, im Jahre 72(nämlich der Hedschra). Möge Gott Gefallen an ihm finden." (Jensen 1969:316)

Die Nasxī-Schrift, die gerundete Buchstaben hat, wird

mit ihren Varianten heute in den arabischen Ländern in Druck und Schrift und in vielen islamischen Ländern zu religiösen Zwecken verwendet. Die maghrebinische Schrift, die in Nordwest-Afrika benutzt wird, hat sich aus der Kūfī- und Nasxī-Schrift entwickelt. Aus der Nasxī-Schrift haben sich viele Schriftvarianten wie z.B. die Taˁlīq-Schrift, Ṯuluṯ-(/θuluθ/) Schrift, Nastaˁlīq-Schrift, Šekaste-Schrift (Šekaste-je Nastaˁlīq-Schrift) usw. gebildet[1)]

Außer Arabisch und Persisch werden auch viele andere Sprachen, wie Tadschikisch, Kurdisch, Paschtu, Balutschi, Urdu, Sindhi, Kaschmiri, Lahṇḍā (in Nordindien), die Süddialekte des Neuuigurischen (in der chinesischen Provinz Sinkiang "Chinesisch-Turkestan"), Aserbeidschanisch (in Iran) und die Berbersprachen (in Nord-Afrika) in der arabisch-persischen Schrift geschrieben.

Früher wurde sie außerdem für Spanisch, Türkeitürkisch (bis 1928) und viele andere Turksprachen (wie Usbekisch in der Republik Usbekistan, Aserbeidschanisch in der Republik Aserbeidschan usw.), Indonesisch, Suahili und Haussa verwendet.

---

1) vgl. S. 89ff. und 96ff.

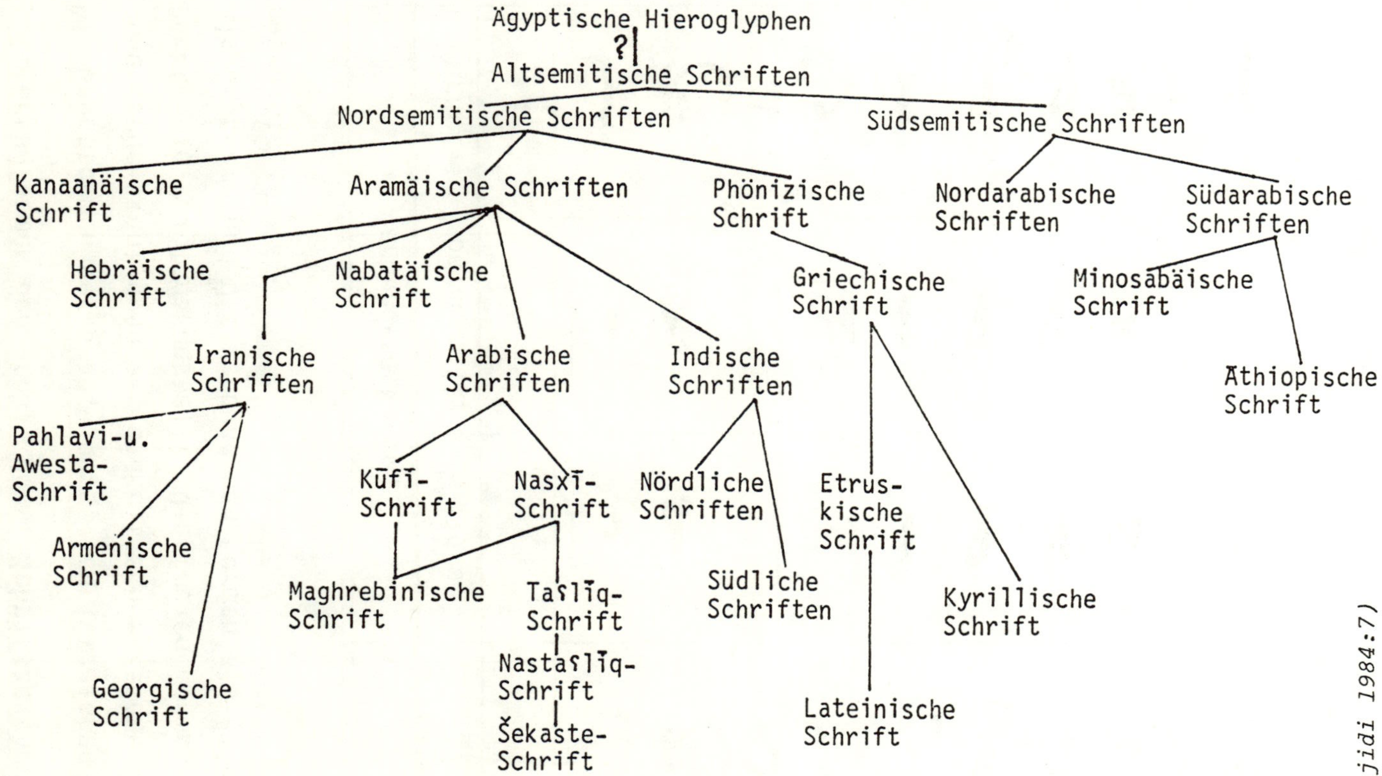

(vgl. Majidi 1984:7)

1.1. Grundformen der arab.- pers. Schriftzeichen

Die Grundformen der arab.- pers. Schriftzeichen werden ohne Berücksichtigung der diakritischen Zeichen und Punkte wie folgt dargestellt. Die freien Formen werden als Grapheme und die verbundenen Formen als Allographe betrachtet:

verbundene Formen			freie Form
rechts	beiderseits	links	
ـا	—	—	ا
ـٮ	ـٮـ	ٮـ	ٮ
ـح	ـحـ	حـ	ح
ـد	—	—	د
ـر	—	—	ر
ـس	ـسـ	سـ	س
ـص	ـصـ	صـ	ص
ـط	ـطـ	طـ	ط
ـع	ـعـ	عـ	ع
ـڡ	ـڡـ	ڡـ	ٯ

ـق	ـقـ	قـ	ق
ـك	ـكـ	كـ	ك
ـل	ـلـ	لـ	ل
ـم	ـمـ	مـ	م
ـن	ـنـ	نـ	ن
ـو	—	—	و
ـه	ـهـ	هـ	ه
ـی	ـیـ	یـ	ی

1.2. Die Schreibweise der Schriftzeichen und ihre Kombinationen

Die arab.- pers. Schrift ist eine Kursivschrift, die von rechts nach links läuft. Nach der Verbindbarkeit der Schriftzeichen innerhalb eines Wortes werden sie in zwei Gruppen eingeteilt:

a. Die Schriftzeichen ا د ذ ر ز ژ و lassen sich nur von rechts verbinden.

b. Die übrigen Schriftzeichen können von beiden

Seiten mit vorhergehenden und nachfolgenden Schriftzeichen verbunden werden. Die Schreibweise und die Verbindungsmöglichkeit der einzelnen Schriftzeichen miteinander werden folgendermaßen dargestellt:

verbundene Formen			freie Form
rechts	beiderseits	links	
ـا	——	——	ا
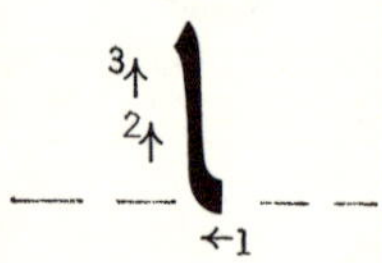	——	——	

Lautwert:

im Arab. /a:,ʔ/ im Pers. /e,a,ā,o,ʔ/, [ʔ]

Kombination mit anderen Schriftzeichen:

←

ا + ب + ا ← ابا .

ح + ا ← حا .

ا + س ← اس .

س + ا ← سا .

ص + ا ← صا .

ع + ا ← عا .

ا + ع ← اع .

ق + ا ← قا .

ك + ا ← كا .

ى + ا ← يا .

---

1) Schreibzeile bzw. Grundlinie der Schrift.

verbundene Formen			freie Form
rechts	beiderseits	links	
ـب	ـبـ	بـ	ب

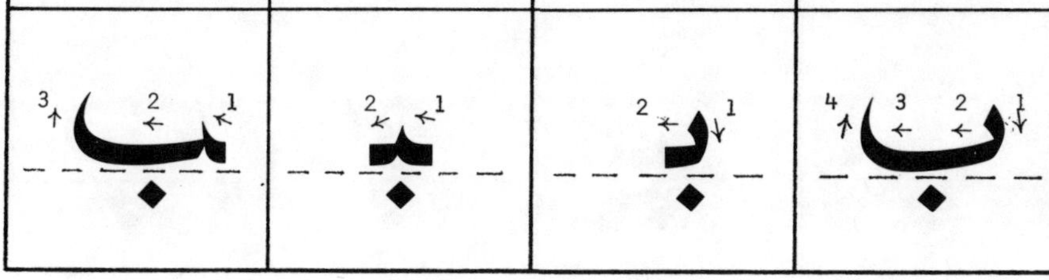

Lautwert:

im Arab. /b/ im Pers. /b/

Kombination mit anderen Schriftzeichen:

←

ب + ب + ب ← ببب .	ل + ب ← لب .	ب + ی ← بی .
ب + ح + م ← بحم .	ب + م ← بم .	ن + ب + ن ← نبن .
د + ب + ر ← دبر .	م + ب ← مب .	ب + م + ب ← بمب .
س + ب + ص ← سبص .	ن + ب ← نب .	ب + ا + ب ← با ب .
ب + ط ← بط .	ب + ن ← بن .	ك + ب + ر ← كبر .
ع + ب ← عب .	و + ب ← وب .	ق + ب + ر ← قبر .
ف + ب ← فب .	ب + و ← بو .	ث + ب + ت ← ثبت .
ب + ق ← بق .	ب + ه ← به .	ت + ب + ر ← تبر .
ب + ك ← بك .	ه + ب ← هب .	ض + ر + ب ← ضرب .
ك + ب + ل ← كبل .	ی + ب ← یب .	ب + پ + ر ← بپر .

verbundene Formen			freie Form
rechts	beiderseits	links	
ـپ	ـپـ	پـ	پ

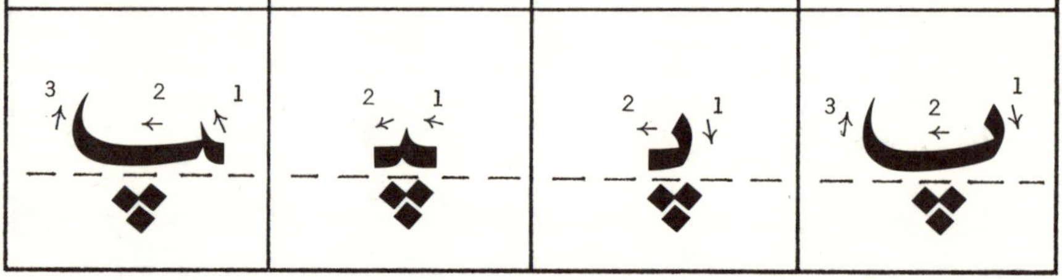

Lautwert:

im Arab. [1] im Pers. /p/

Kombination mit anderen Schriftzeichen:

←

پ + پ + پ ← پپپ. پ + م ← پم. ا + پ + ا ← اپا.

پ + ا ← پا. پ + ن ← پن. ت + پ + ه ← تپه.

پ + ت ← پت. پ + و ← پو. س + پ + ر ← سپر.

پ + چ ← پچ. پ + ه ← په. ك + پ + ه ← كپه.

پ + د ← پد. پ + ى ← پى. ل + پ + ه ← لپه.

پ + ر ← پر. د + پ ← دپ. م + پ + ك ← مپك.

پ + س ← پس. س + پ ← سپ. ن + پ + ز ← نپز.

پ + ف ← پف. ف + پ ← فپ. ه + پ + و ← هپو.

پ + ك ← پك. گ + پ ← گپ. ك + پ + ل ← كپل.

پ + ل ← پل. م + پ ← مپ. چ + پ + ى ← چپى.

---

1) *Im arab. Schriftsystem nicht vorhanden.*

verbundene Formen			freie Form
rechts	beiderseits	links	
ـت	ـتـ	تـ	ت

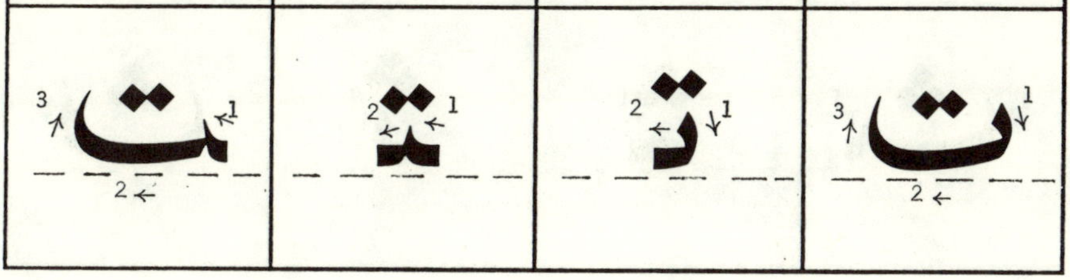

Lautwert:

im Arab. /t/ im Pers. /t/

Kombination mit anderen Schriftzeichen:

←

ت + ت + ت ← تتت .
ت + ا ← تا .
ت + ب ← تب .
ت + ج ← تج .
ت + د ← تد .
ت + ر ← تر .
ت + س ← تس .
ت + ص ← تص .
ت + ط ← تط .
ت + ع ← تع .

ت + ف ← تف .
ت + ق ← تق .
ت + ك ← تك .
ت + ل ← تل .
ت + م ← تم .
ت + ن ← تن .
ت + و ← تو .
ت + ه ← ته .
ت + ى ← تى .
ت + ژ ← تژ .

ج + ت ← جت .
د + ت ← دت .
ر + ت ← رت .
س + ت + م ← ستم .
ط + ت + ع ← طتع .
ك + ت + ف ← كتف .
ك + ت + ب ← كتب .
ل + ت + ك ← لتك .
ه + ت + ك ← هتك .
م + ت + ل ← متل .

verbundene Formen			freie Form
rechts	beiderseits	links	
ـث	ـثـ	ثـ	ث

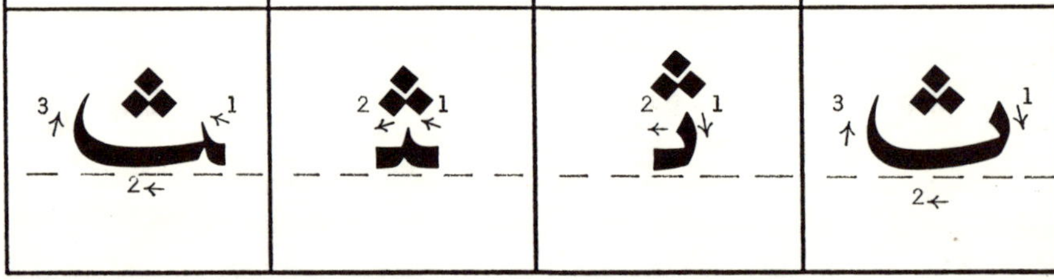

Lautwert:

im Arab. /θ/ im Pers. /s/

Kombination mit anderen Schriftzeichen:

←

ث + ث + ث ← ثثث. ث + ق ← ثق. م + ث + ل ← مثل.

ث + ا ← ثا. ث + ك ← ثك. ن + ث + ر ← نثر.

ث + ب ← ثب. ث + ل ← ثل. و + ث + ن ← وثن.

ث + ح ← ثح. ث + م ← ثم. ح + ث + ل ← حثل.

ث + د ← ثد. ث + ن ← ثن. ج + ث + ه ← جثه.

ث + ر ← ثر. ث + و ← ثو. ع + ث + ر ← عثر.

ث + س ← ثس. ث + ى ← ثى. ك + ث + ف ← كثف.

ث + ص ← ثص. ا + ث ← اث. ث + ل + ث ← ثلث.

ث + ط ← ثط. ب + ث + ر ← بثر. غ + ث ← غث.

ث + ع ← ثع. ك + ث + ر كثر. ل + ث ← لث.

Anm.: Das Schriftzeichen ث kommt im Persischen hauptsächlich in arab. Lehnwörtern vor.

verbundene Formen			freie Form
rechts	beiderseits	links	
ـج	ـجـ	جـ	ج
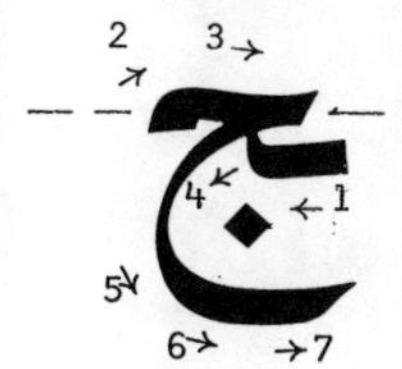	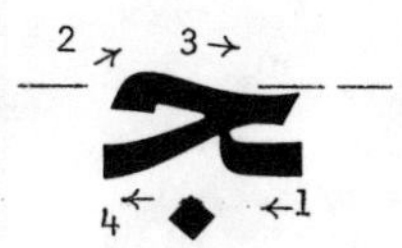		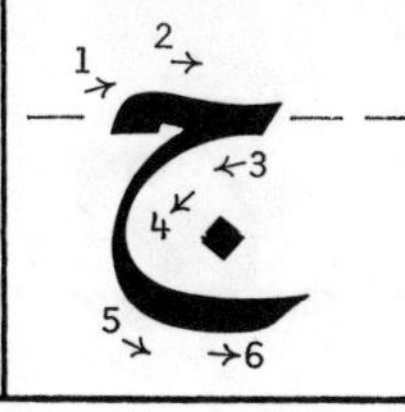

Lautwert:

im Arab. /ǰ/ im Pers. /ǰ/

Kombination mit anderen Schriftzeichen:

←

ج + ج + ج ← ججج .

ج + ا ← جا . ج + ف ← جف . ا + ج ← اج . ع + ج ← عج .

ج + ب ← جب . ج + ق ← جق . ب + ج ← بج . ف + ج ← فج .

ج + ح ← جح . ج + ك ← جك . ح + ج ← حج . ك + ج ← كج .

ج + د ← جد . ج + ل ← جل . د + ج ← دج . ل + ج ← لج .

ج + ر ← جر . ج + م ← جم . ر + ج ← رج . م + ج ← مج .

ج + س ← جس . ج + ن ← جن . س + ج ← سج . ن + ج ← نج .

ج + ص ← جص . ج + و ← جو . ص + ج ← صج . و + ج ← وج .

ج + ط ← جط . ج + ه ← جه . ط + ج ← طج . ه + ج ← هج .

ج + ع ← جع . ج + ى ← جى . ح + ج + ب ← حجب .

verbundene Formen			freie Form
rechts	beiderseits	links	

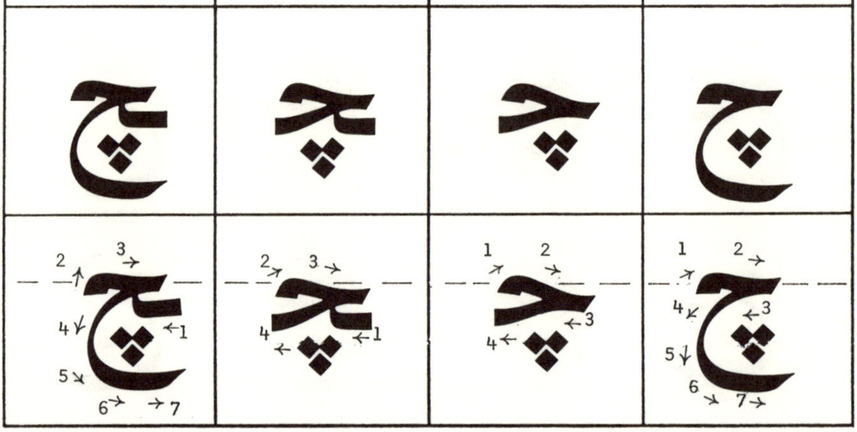

Lautwert:

im Arab.[1] im Pers. /č/

Kombination mit anderen Schriftzeichen:

←

چ + چ + چ ← چچچ.

چ + ا ← چا. چ + و ← چو. ل + چ ← لچ.

چ + پ ← چپ. چ + ه ← چه. م + چ ← مچ.

چ + د ← چد. چ + ی ← چی. ن + چ ← نچ.

چ + ر ← چر. ا + چ ← اچ. و + چ ← وچ.

چ + ش ← چش. ت + چ ← تچ. ه + چ ← هچ.

چ + ف ← چف. د + چ ← دچ. ی + چ ← یچ.

چ + ك ← چك. ر + چ ← رچ. ب + چ + ه ← بچه.

چ + م ← چم. س + چ ← سچ. ك + چ + ل ← كچل.

چ + ن ← چن. گ + چ ← گچ. ل + چ + ك ← لچك.

---

1) Im arab. Schriftsystem nicht vorhanden.

verbundene Formen			freie Form
rechts	beiderseits	links	

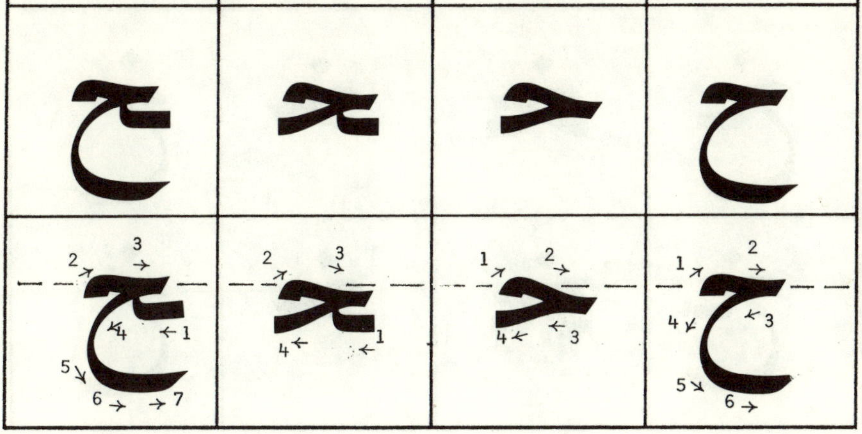

Lautwert:

im Arab./ħ/ im Pers./h/

Kombination mit anderen Schriftzeichen:

←

ح + ح + ح ← ححح•

ح + ا ← حا • ح + ن ← حن • غ + ح ← غح • م + ح ← مح •

ح + ب ← حب• ح + ی ← حی • ف + ح ← فح • ن + ح ← نح •

ح + د ← حد• ا + ح ← اح • ق + ح ← قح • و + ح ← وح •

ح + ر ← حر• ت + ح ← تح • ك + ح ← كح • ی + ح ← یح •

ح + س ← حس• د + ح ← دح • ل + ح ← لح •

ح + ظ ← حظ • ر + ح ← رح • م + ح + ل ← محل •

ح + ق ← حق • س + ح ← سح • ت + ح + ت ← تحت •

ح + ل ← حل • ص + ح ← صح • س + ح + ر ← سحر •

ح + م ← حم • ط + ح ← طح • ص + ح + ف ← صحف •

Anm.: Das Schriftzeichen ح kommt im Persischen hauptsächlich in arab. Lehnwörtern vor.

verbundene Formen			freie Form
rechts	beiderseits	links	

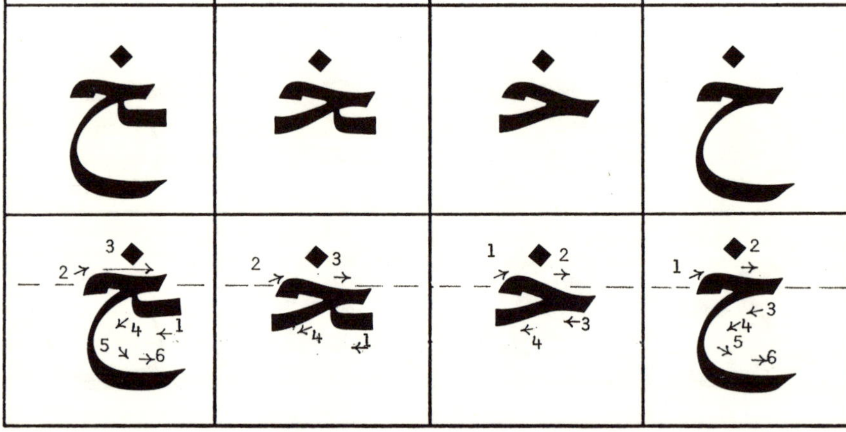

Lautwert:

im Arab. /x/ im Pers. /x/

Kombination mit anderen Schriftzeichen:

←

خ + خ + خ ← خخخ.

خ + ا ← خا. خ + ق ← خق. ب + خ ← بخ. م + خ ← مخ.

خ + ب ← خب. خ + ك ← خك. د + خ ← دخ. ن + خ ← نخ.

خ + د ← خد. خ + ل ← خل. ر + خ ← رخ. و + خ ← وخ.

خ + ر ← خر. خ + م ← خم. ف + خ ← فخ. ه + خ ← هخ.

خ + س ← خس. خ + ن ← خن. ل + خ ← لخ. ی + خ ← یخ.

خ + ص ← خص. خ + و ← خو. ب + خ + ل ← بخل.

خ + ط ← خط. خ + ه ← خه. پ + خ + ش ← پخش.

خ + ع ← خع. خ + ی ← خی. س + خ + ن ← سخن.

خ + ف ← خف. ا + خ ← اخ. ف + خ + ر ← فخر.

verbundene Formen			freie Form
rechts	beiderseits	links	
ـد	——	——	د
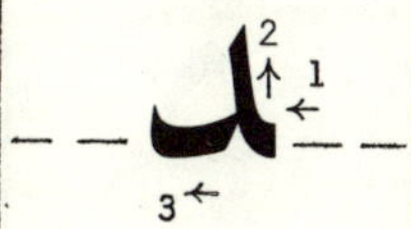	——	——	

Lautwert:

im Arab. /d/ im Pers. /d/

Kombination mit anderen Schriftzeichen:

←

د + د + د ← ددد.

ا + د ← اد.   م + د ← مد.   د + ف ← دف.   د + ن ← دن.

ب + د ← بد.   ن + د ← ند.   د + ق ← دق.   د + و ← دو.

پ + د ← پد.   و + د ← ود.   د + ك ← دك.   د + ه ← ده.

ح + د ← حد.   ه + د ← هد.   د + ل ← دل.   د + ی ← دی.

ر + د ← رد.   ی + د ← ید.   د + م ← دم.

س + د ← سد.   د + ا ← دا.   ب + د + ر ← بدر.

ق + د ← قد.   د + ب ← دب.   گ + د + ا ← گدا.

ك + د ← كد.   د + ج ← دج.   م + د + ت ← مدت.

ل + د ← لد.   د + ر ← در.   ن + د + م ← ندم.

verbundene Formen			freie Form
rechts	beiderseits	links	
ـذ	—	—	ذ
ـذ	—	—	ذ

Lautwert:

im Arab. /ð/ im Pers. /z/

Kombination mit anderen Schriftzeichen:

←

ذ + ذ + ذ   ذذذ.

ا + ذ ← اذ.   ك + ذ ← كذ.   ذ + ر ← ذر.   ذ + م ← ذم.

ب + ذ ← بذ.   م + ذ ← مذ.   ذ + س ← ذس.   ذ + ن ← ذن.

خ + ذ ← خذ.   ن + ذ ← نذ.   ذ + ق ← ذق.   ذ + و ← ذو.

ر + ذ ← رذ.   و + ذ ← وذ.   ذ + ك ← ذك.   ذ + ه ← ذه.

س + ذ ← سذ.   ه + ذ ← هذ.   ذ + ل ← ذل.   ذ + ى ← ذى.

ش + ذ ← شذ.   ى + ذ ← يذ.   ب + ذ + ر ← بذر.

ع + ذ ← عذ.   ذ + ا ← ذا.   ج + ذ + ب ← جذب.

ف + ذ ← فذ.   ذ + ب ← ذب.   ر + ذ + ل ← رذل.

ق + ذ ← قذ.   ذ + ج ← ذج.   ع + ذ + ر ← عذر.

verbundene Formen			freie Form
rechts	beiderseits	links	
ـر	—	—	ر
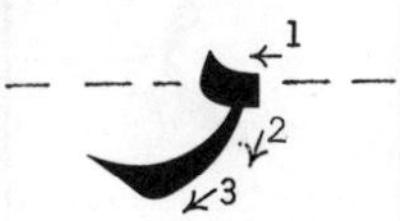	—	—	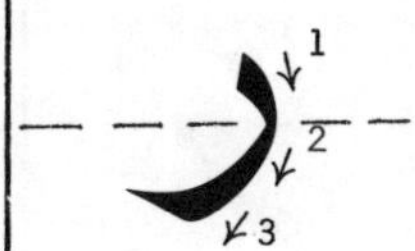

Lautwert:

im Arab. /r/ im Pers. /r/

Kombination mit anderen Schriftzeichen:

←

ر + ر + ر ← ررر.

ا + ر ← ار. ف + ر ← فر. ر + ا ← را . ر + ض ← رض.

ب + ر ← بر. ق + ر ← قر. ر + ب ← رب. ر + ط ← رط .

پ + ر ← پر. ك + ر ← كر. ر + ج ← رج. ر + ع ← رع .

خ + ر ← خر. ل + ر ← لر. ر + د ← رد. ر + ك ← رك.

د + ر ← در. م + ر ← مر. ر + س ← رس. ر + م ← رم.

س + ر ← سر. ن + ر ← نر. م + ر + ض ← مرض .

ص + ر ← صر. و + ر ← ور. ت + ر + ش ← ترش .

ط + ر ← طر. ه + ر ← هر. خ + ر + ج ← خرج .

ع + ر ← عر. ى + ر ← ىر. ك + ر + م ← كرم .

verbundene Formen			freie Form
rechts	beiderseits	links	
ـز	—	—	ز
	—	—	

Lautwert:

im Arab. /z/ im Pers. /z/

Kombination mit anderen Schriftzeichen:

←

ز + ز + ز ← ززز.

ا + ز ← از. ع + ز ← عز. ى + ز ← يز. ز + ر ← زر.

ب + ز ← بز. ف + ز ← فز. ز + ا ← زا . ز + ع ← زع.

پ + ز ← پز. ق + ز ← قز. ز + ب ← زب. ز + ف ← زف.

خ + ز ← خز. ك + ز ← كز. ز + ج ← زج. ز + ق ← زق.

د + ز ← دز. ل + ز ← لز. ز + د ← زد. ز + ى ← زى.

ر + ز ← رز. م + ز ← مز. ب + ز + م ← بزم.

س + ز ← سز. ن + ز ← نز. ر + ز + م ← رزم.

ص + ز ← صز. و + ز ← وز. ن + ز + د ← نزد.

ط + ز ← طز. ه + ز ← هز. ه + ز + ل ← هزل.

verbundene Formen			freie Form
rechts	beiderseits	links	
ژ	—	—	ژ
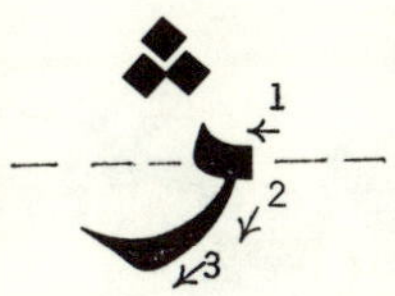	—	—	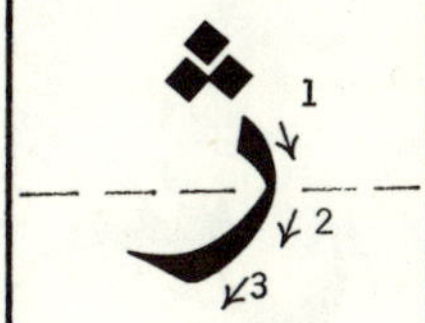

Lautwert:

im Arab.[1] im Pers. /ž/

Kombination mit anderen Schriftzeichen: ←

ژ + ژ + ژ ← ژژژ.

ا + ژ ← اژ. ژ + ا ← ژا. ژ + م ← ژم.

ب + ژ ← بژ. ژ + پ ← ژپ. ژ + ن ← ژن.

د + ژ ← دژ. ژ + خ ← ژخ. ژ + ی ← ژی.

ر + ژ ← رژ. ژ + ر ← ژر. ب + ژ + م ← بژم.

ك + ژ ← كژ. ژ + ز ← ژز. پ + ژ + ه ← پژه.

م + ژ ← مژ. ژ + غ ← ژغ. د + ژ + م ← دژم.

ن + ژ ← نژ. ژ + ف ← ژف. ر + ژ + ه ← رژه.

ه + ژ ← هژ. ژ + ك ← ژك. غ + ژ + ب ← غژب.

---

1) Im arab. Schriftsystem nicht vorhanden.

verbundene Formen			freie Form
rechts	beiderseits	links	
ـس	ـسـ	سـ	س
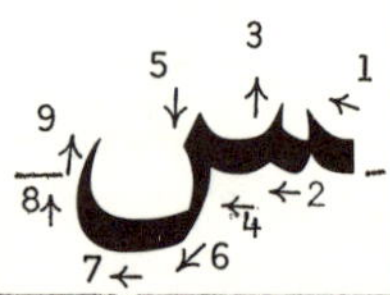	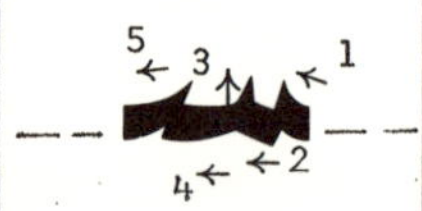	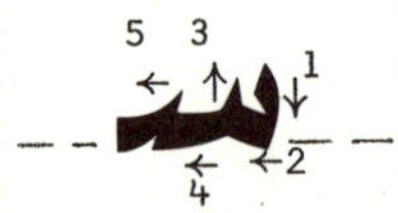	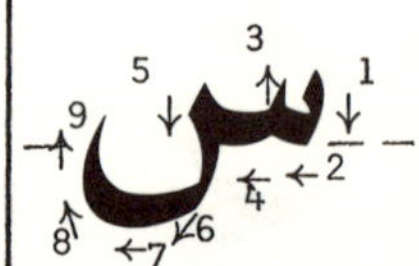

Lautwert:

im Arab. /s/ im Pers. /s/

Kombination mit anderen Schriftzeichen:

←

س + س + س ← سسس .

س + ا ← سا . س + ق ← سق . ا + س ← اس . ط + س ← طس .

س + ب ← سب . س + گ ← سگ . پ + س ← پس . غ + س ← غس .

س + ج ← سج . س + ل ← سل . ح + س ← حس . ك + س ← كس .

س + د ← سد . س + م ← سم . د + س ← دس . م + س ← مس .

س + ر ← سر . س + ن ← سن . ر + س ← رس . ی + س ← یس .

س + ط ← سط . س + و ← سو . پ + س + ر ← پسر .

س + ع ← سع . س + ه ← سه . غ + س + ل ← غسل .

س + ف ← سف . س + ی ← سی . ف + س + ق ← فسق .

verbundene Formen			freie Form
rechts	beiderseits	links	
ـش	ـشـ	شـ	ش

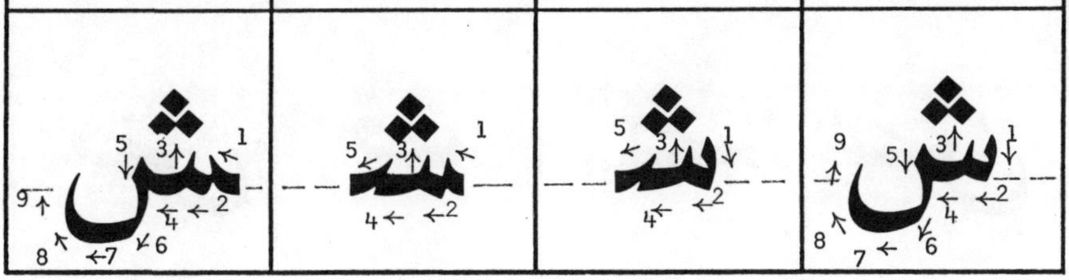

Lautwert:

im Arab. /š/ im Pers. /š/

Kombination mit anderen Schriftzeichen:

ش + ش + ش ← ششش .

ش + ا ← شا . ش + ق ← شق. ا + ش ← ا ش. غ + ش ← غش .

ش + ب ← شب. ش + ك ← شك. ت + ش ← تش. ل + ش ← لش .

ش + ج ← شج . ش + ل ← شل . خ + ش ← خش. م + ش ← مش .

ش + د ← شد . ش + م ← شم . ط + ش ← طش. ن + ش ← نش .

ش + ر ← شر. ش + ن ← شن. و + ش ← وش. ه + ش ← هش .

ش + ط ← شط . ش + و ← شو. خ + ش + ك ← خشك .

ش + غ ← شغ . ش + ه ← شه . ط + ش + ت ← طشت .

ش + ف ← شف. ش + ى ← شى . ك + ش + ف ← كشف .

verbundene Formen			freie Form
rechts	beiderseits	links	
ـص	ـصـ	صـ	ص

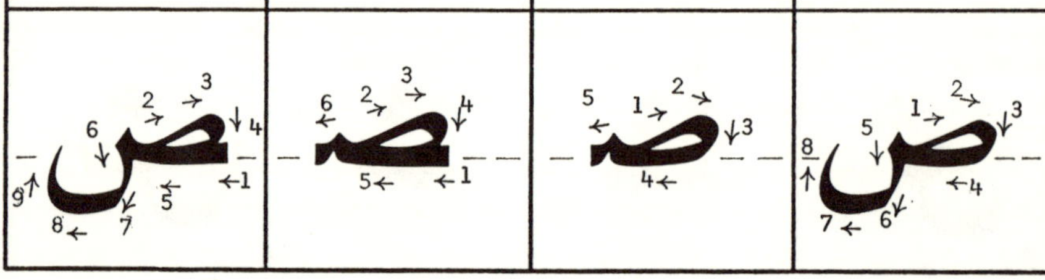

Lautwert:

im Arab. /ṣ/ im Pers. /s/

Kombination mit anderen Schriftzeichen:

←

ص + ص + ص ← صصص .

ص + ب ← صب . ص + م ← صم . ح + ص ← حص . ق + ص ← قص .

ص + ح ← صح . ص + ن ← صن . د + ص ← دص . م + ص ← مص .

ص + د ← صد . ص + و ← صو . ر + ص ← رص . ن + ص ← نص .

ص + ر ← صر . ص + ه ← صه . ع + ص ← عص . و + ص ← وص .

ص + غ ← صغ . ص + ی ← صی . ف + ص ← فص . ی + ص ← یص .

ص + ف ← صف . ص + ك ← صك . ب + ص + ر ← بصر .

ص + ق ← صق . ا + ص ← اص . خ + ص + م ← خصم .

ص + ل ← صل . ت + ص ← تص . و + ص + ل ← وصل .

Anm.: Das Schriftzeichen ص kommt im Persischen hauptsächlich in arab. Lehnwörtern vor.

verbundene Formen			freie Form
rechts	beiderseits	links	
ـض	ـضـ	ضـ	ض

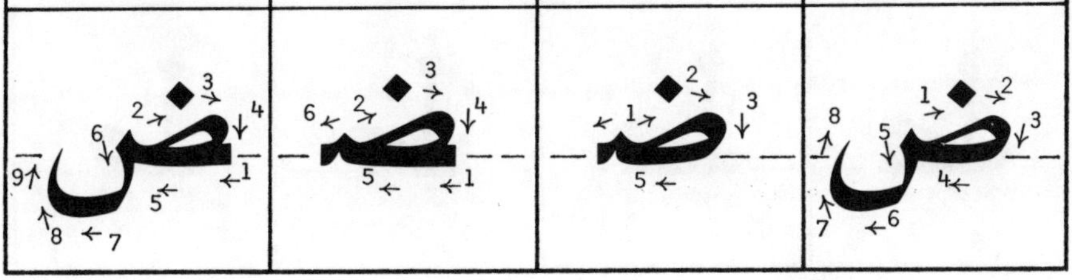

Lautwert:

im Arab. /đ/ im Pers. /z/

Kombination mit anderen Schriftzeichen:

←

ض + ض ← ضض .

ض + ا ← ضا .   ض + م ← ضم .   غ + ض ← غض .   م + ض ← مض .

ض + ب ← ضب .   ض + ن ← ضن .   ف + ض ← فض .   ن + ض ← نض .

ض + خ ← ضخ .   ض + ی ← ضی .   ق + ض ← قض .   و + ض ← وض .

ض + د ← ضد .   ا + ض ← اض .   ب + ض + ع ← بضع .

ض + ر ← ضر .   ب + ض ← بض .   ح + ض + ر ← حضر .

ض + ع ← ضع .   ح + ض ← حض .   ر + ض + ی ← رضی .

ض + ف ← ضف .   ر + ض ← رض .   ع + ض + و ← عضو .

ض + ل ← ضل .   ع + ض ← عض .   ق + ض + ا ← قضا .

Anm.: Das Schriftzeichen ض kommt im Persischen hauptsächlich in arab. Lehnwörtern vor.

verbundene Formen			freie Form
rechts	beiderseits	links	

	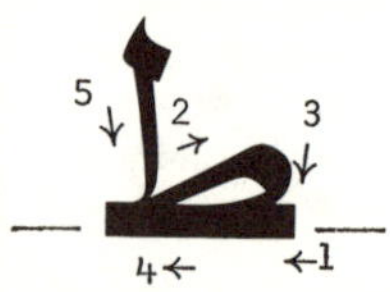	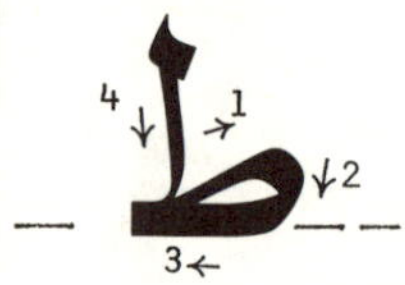	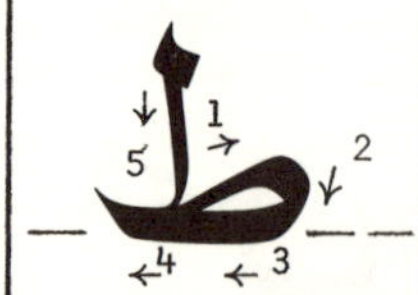

Lautwert:

im Arab. /ŧ/ im Pers. /t/

Kombination mit anderen Schriftzeichen:

ط + ط + ط ← ططط.

ط + ا ← طا. ط + ل ← طل. خ + ط ← خط. ف + ط ← فط.

ط + ب ← طب. ط + م ← طم. ر + ط ← رط. ق + ط ← قط.

ط + ح ← طح. ط + ن ← طن. ش + ط ← شط. ل + ط ← لط.

ط + ر ← طر. ط + و ← طو. ص + ط ← صط. م + ط ← مط.

ط + ش ← طش. ط + ه ← طه. ع + ط ← عط. ن + ط ← نط.

ط + ع ← طع. ط + ی ← طی. س + ط + ل ← سطل.

ط + ف ← طف. ا + ط ← اط. و + ط + ن ← وطن.

ط + ق ← طق. ب + ط ← بط. ن + ط + ق ← نطق.

Anm.: Das Schriftzeichen ط kommt im Persischen hauptsächlich in arab. Lehnwörtern vor.

verbundene Formen			freie Form
rechts	beiderseits	links	

	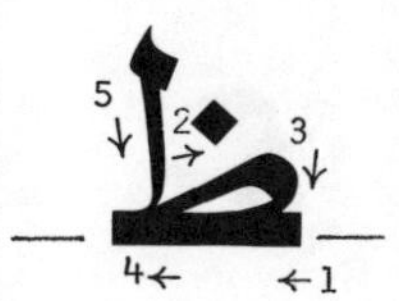	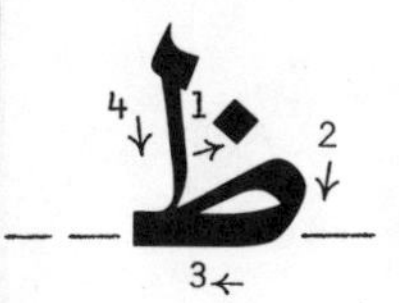	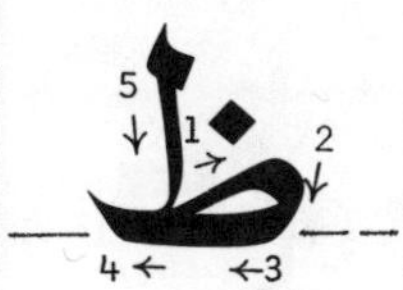

Lautwert:

im Arab. /ẓ/ im Pers. /z/

Kombination mit anderen Schriftzeichen:

ظ + ظ + ظ ← ظظظ.

ظ + ا ← ظا. ظ + ه ← ظه. ل + ظ ← لظ.
ظ + ب ← ظب. ا + ظ ← اظ. م + ظ ← مظ.
ظ + خ ← ظخ. ت + ظ ← تظ. ن + ظ ← نظ.
ظ + ر ← ظر. ح + ظ ← حظ. و + ظ ← وظ.
ظ + ف ← ظف. ش + ظ ← شظ. ح + ظ + ى ← حظى.
ظ + ل ← ظل. ع + ظ ← عظ. ش + ظ + ف ← شظف.
ظ + م ← ظم. ف + ظ ← فظ. ع + ظ + م ← عظم.
ظ + ن ← ظن. ك + ظ ← كظ. ل + ظ + ى ← لظى.

Anm.: Das Schriftzeichen ظ kommt im Persischen hauptsächlich in arab. Lehnwörtern vor.

verbundene Formen			freie Form
rechts	beiderseits	links	
ـع	ـعـ	عـ	ع
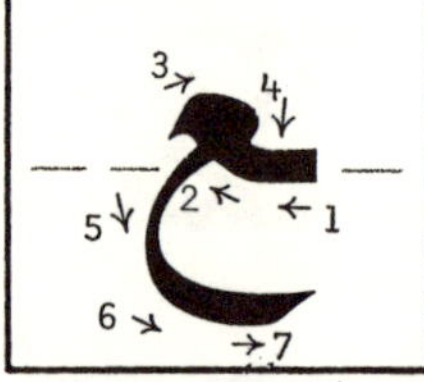	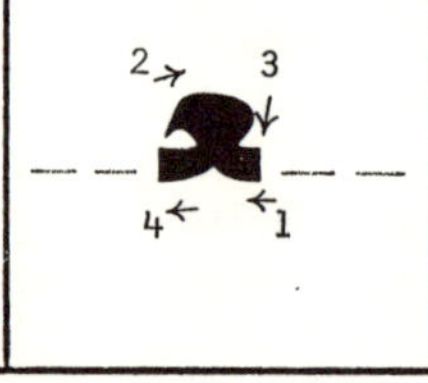	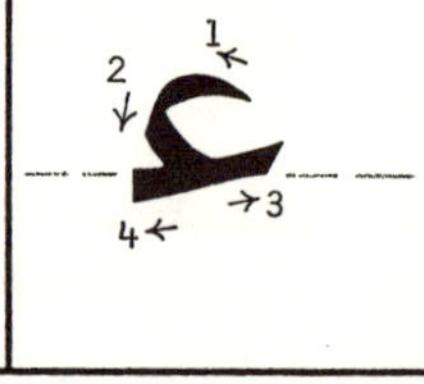	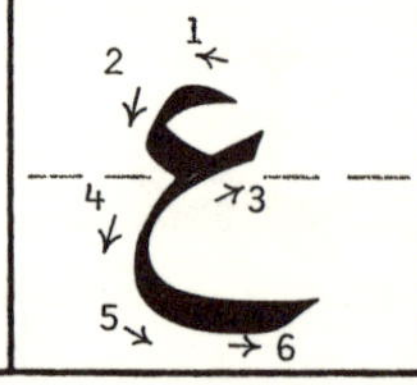

Lautwert:

im Arab. /ˁ/   im Pers./ʔ/, /e,a,o/, [?]

Kombination mit anderen Schriftzeichen:

←

ع + ع + ع ← ععع .

ع + ا ← عا . ع + ف ← عف . ع + ى ← عى . ش + ع ← شع .

ع + ب ← عب . ع + ق ← عق . ا + ع ← اع . ف + ع ← فع .

ع + ج ← عج . ع + ك ← عك . ب + ع ← بع . ل + ع ← لع .

ع + د ← عد . ع + ل ← عل . ج + ع ← جع . ن + ع ← نع .

ع + ر ← عر . ع + م ← عم . د + ع ← دع . ه + ع ← هع .

ع + س ← عس . ع + ن ← عن . ج + ع + ل ← جعل .

ع + ص ← عص . ع + و ← عو . ط + ع + ن ← طعن .

ع + ط ← عط . ع + ه ← عه . م + ع + ز ← معز .

Anm.: Das Schriftzeichen ع kommt im Persischen hauptsächlich in arab. Lehwörtern vor.

verbundene Formen			freie Form
rechts	beiderseits	links	

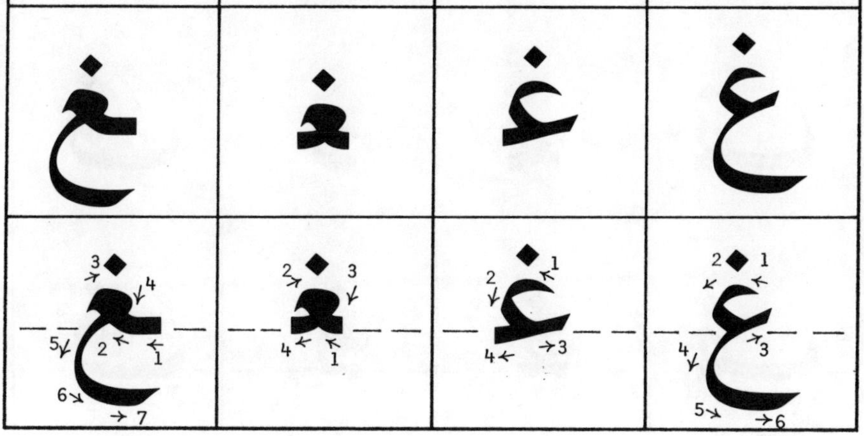

Lautwert:

im Arab. /ġ/ im Pers. /ġ/

Kombination mit anderen Schriftzeichen:

←

غ + غ + غ ← غغغ.

غ + ا ← غا. غ + ق ← غق. ب + غ ← بغ. ل + غ ← لغ.

غ + ث ← غث. غ + ل ← غل. چ + غ ← چغ. م + غ ← مغ.

غ + ج ← غج. غ + م ← غم. ر + غ ← رغ. ن + غ ← نغ.

غ + د ← غد. غ + ن ← غن. ص + غ ← صغ. و + غ ← وغ.

غ + ژ ← غژ. غ + و ← غو. ف + غ ← فغ. ی + غ ← یغ.

غ + ش ← غش. غ + ه ← غه. ب + غ + ض ← بغض.

غ + ض ← غض. غ + ی ← غی. م + غ + ز ← مغز.

غ + ف ← غف. ا + غ ← اغ. و + غ + ل ← وغل.

verbundene Formen			freie Form
rechts	beiderseits	links	
ـف	ـفـ	فـ	ف

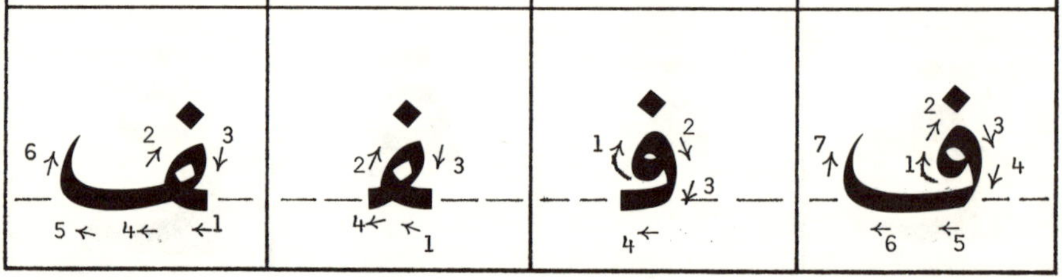

Lautwert:

im Arab. /f/ im Pers. /f/

Kombination mit anderen Schriftzeichen:

←

ف + ف + ف ← ففف .

ف + ا ← فا . ف + ط ← فط. ف + ه ← فه . ش + ف ← شف .

ف + ب ← فب. ف + غ ← فغ. ف + ى ← فى. ص + ف ← صف .

ف + ت ← فت. ف + ق ← فق. ا + ف ← اف. ظ + ف ← ظف .

ف + خ ← فخ. ف + ك ← فك . پ + ف ← پف. غ + ف ← غف .

ف + د ← فد. ف + ل ← فل. خ + ف ← خف. ل + ف ← لف .

ف + ر ← فر. ف + م ← فم. ك + ف + ر ← كفر .

ف + س ← فس. ف + ن ← فن. م + ف + ت ← مفت .

ف + ص ← فص. ف + و ← فو. ن + ف + ع ← نفع .

verbundene Formen			freie Form
rechts	beiderseits	links	
ـق	ـقـ	قـ	ق
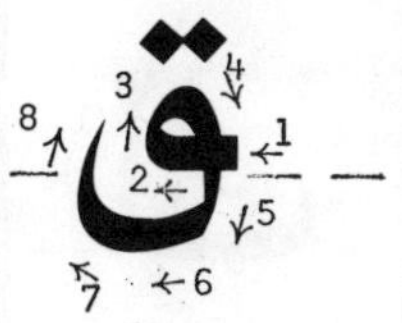	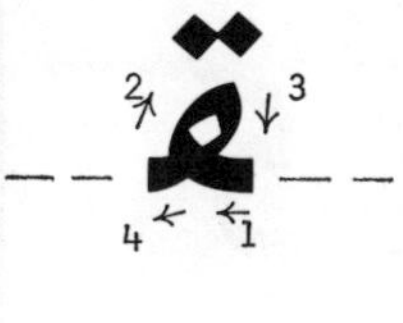	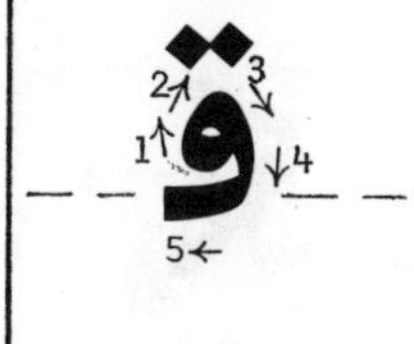	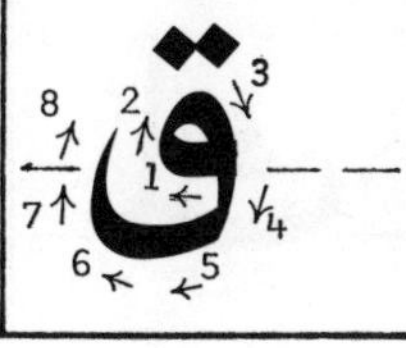

Lautwert:

im Arab. /q/ im Pers. /ġ/

Kombination mit anderen Schriftzeichen: ←

ق + ق + ق ← ققق .

ق + ا ← قا . ق + ع ← قع . ق + ى ← قى . س + ق ← سق .

ق + ب ← قب . ق + ف ← قف . ا + ق ← اق . ف + ق ← فق .

ق + ح ← قح . ق + ك ← قك . ب + ق ← بق . ك + ق ← كق .

ق + د ← قد . ق + ل ← قل . ح + ق ← حق . ل + ق ← لق .

ق + ر ← قر . ق + م ← قم . د + ق ← دق . ى + ق ← يق .

ق + س ← قس . ق + ن ← قن . ع + ق + ل ← عقل .

ق + ص ← قص . ق + و ← قو . ف + ق + ط ← فقط .

ق + ط ← قط . ق + ه ← قه . ت + ق + ى ← تقى .

Anm.: Das Schriftzeichen ق kommt im Persischen hauptsächlich in arab. Lehnwörtern vor.

verbundene Formen			freie Form
rechts	beiderseits	links	

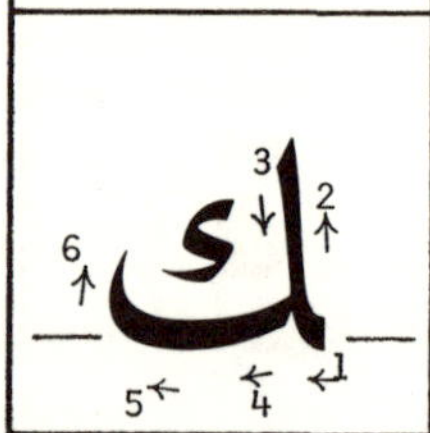	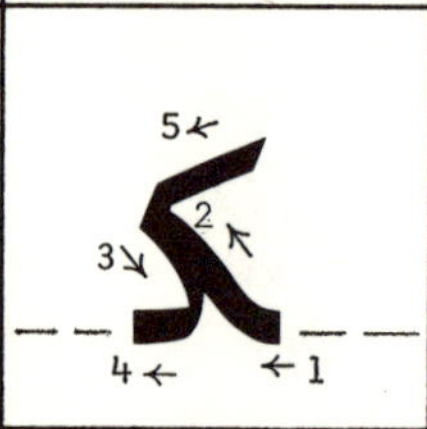	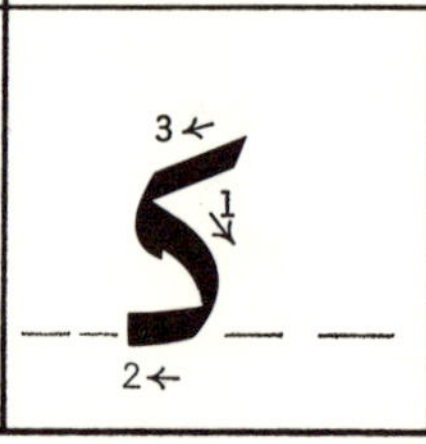	

Lautwert:

im Arab. /k/ im Pers. /k/

Kombination mit anderen Schriftzeichen:

←

ك + ك + ك ← ككك .

ك + ا ← كا . ك + ف ← كف . ب + ك ← بك . ص + ك ← صك .

ك + پ ← كپ . ك + ل ← كل . ح + ك ← حك . ف + ك ← فك .

ك + ج ← كج . ك + م ← كم . د + ك ← دك . ل + ك ← لك .

ك + د ← كد . ك + ن ← كن . ر + ك ← رك . ن + ك ← نك .

ك + ر ← كر . ك + و ← كو . س + ك ← سك . ى + ك ← يك .

ك + س ← كس . ك + ه ← كه . ح + ك + م ← حكم .

ك + ظ ← كظ . ك + ى ← كى . ر + ك + ن ← ركن .

ك + ع ← كع . ا + ك ← اك . ع + ك + س ← عكس .

verbundene Formen			freie Form
rechts	beiderseits	links	
ـگ	ـگـ	گـ	گ

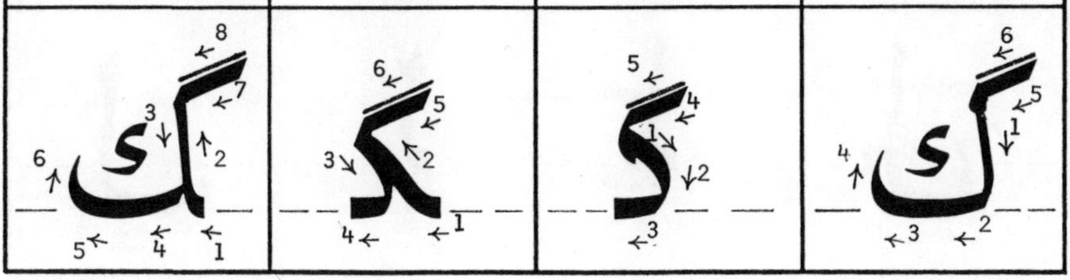

Lautwert:

im Arab.[1)] im Pers. /g/

Kombination mit anderen Schriftzeichen:

گ + گ + گ ← گگگ .

گ + ا ← گا . گ + م ← گم . د + گ ← دگ . م + گ ← مگ .

گ + پ ← گپ . گ + ن ← گن . ر + گ ← رگ . ن + گ ← نگ .

گ + چ ← گچ . گ + و ← گو . س + گ ← سگ . و + گ ← وگ .

گ + د ← گد . گ + ه ← گه . ف + گ ← فگ . ی + گ ← یگ .

گ + ز ← گز . گ + ی ← گی . ل + گ ← لگ .

گ + س ← گس . ا + گ ← اگ . ج + گ + ر ← جگر .

گ + ف ← گف . ت + گ ← تگ . د + گ + م ← دگم .

گ + ل ← گل . ج + گ ← جگ . س + گ + ك ← سگك .

---

1) Im arab. Schriftsystem nicht vorhanden.

verbundene Formen			freie Form
rechts	beiderseits	links	
ـل	ـلـ	لـ	ل

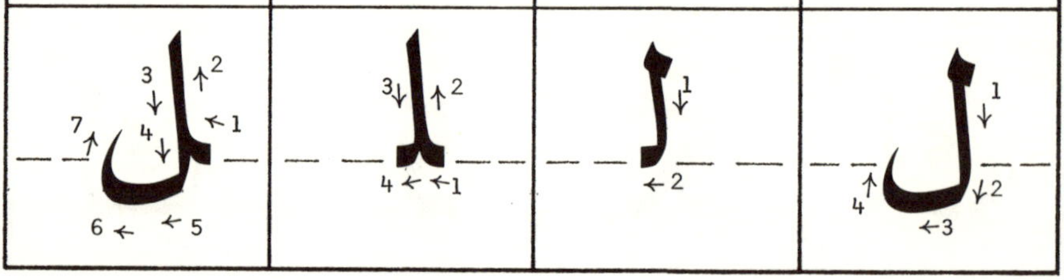

Lautwert:

im Arab. /l/ im Pers. /l/

Kombination mit anderen Schriftzeichen:

ل + ل + ل ← للل .

ل + ا ← لا . ل + ع ← لع . ل + ه ← له . ص + ل ← صل .

ل + ب ← لب . ل + ف ← لف . ل + ى ← لى . ط + ل ← طل .

ل + ج ← لج . ل + ق ← لق . ا + ل ← ال . غ + ل ← غل .

ل + د ← لد . ل + ك ← لك . پ + ل ← پل . ك + ل ← كل .

ل + ر ← لر . ل + م ← لم . ح + ل ← حل . م + ل ← مل .

ل + ش ← لش . ل + ن ← لن . ف + ل + ك ← فلك .

ل + ص ← لص . ل + و ← لو . ق + ل + م ← قلم .

ل + ظ ← لظ . ل + ث ← لث . ه + ل + ع ← هلع .

verbundene Formen			freie Form
rechts	beiderseits	links	

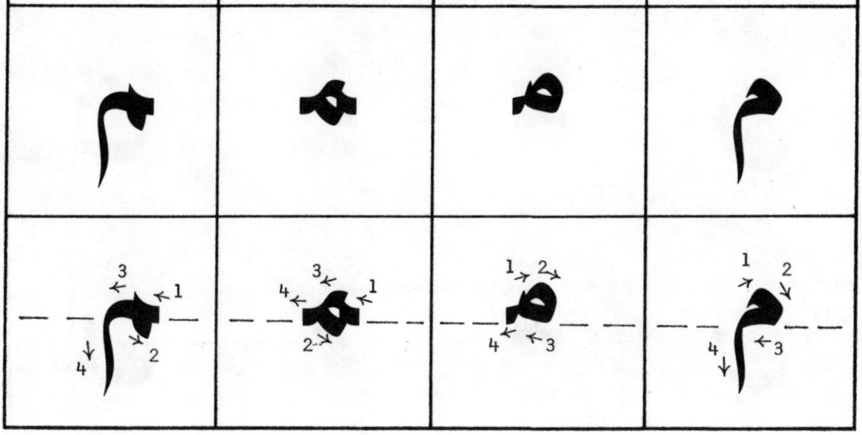

Lautwert:

im Arab. /m/ im Pers. /m/

Kombination mit anderen Schriftzeichen:

←

م + م + م ← ممم .

م + ا ← ما . م + ع ← مع . م + ی ← می. ص + م ← صم .

م + ت ← مت. م + ف ← مف. ا + م ← ام. ف + م ← فم .

م + خ ← مخ . م + ق ← مق. ت + م ← تم. ك + م ← كم .

م + د ← مد . م + ك ← مك . ح + م ← حم. ن + م ← نم .

م + ر ← مر . م + ل ← مل. ر + م ← رم. ی + م ← یم .

م + س ← مس. م + ن ← من. س + م + ی ← سمی .

م + ص ← مص. م + و ← مو. ق + م + ع ← قمع .

م + ط ← مط . م + ه ← مه . ه + م + ج ← همج .

verbundene Formen			freie Form
rechts	beiderseits	links	
ـن	ـنـ	نـ	ن

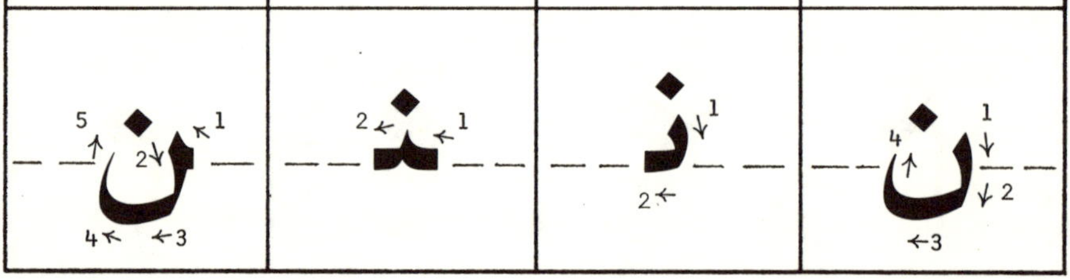

Lautwert:

im Arab. /n/ im Pers. /n/

Kombination mit anderen Schriftzeichen:

←

ن + ن + ن ← ننن .

ن + ا ← نا . ن + ع ← نع . ن + ى ← نى . ف + ن ← فن .

ن + ب ← نب . ن + ف ← نف . ا + ن ← ان . ك + ن ← كن .

ن + خ ← نخ . ن + ق ← نق . ب + ن ← بن . ل + ن ← لن .

ن + د ← ند . ن + ك ← نك . ج + ن ← جن . م + ن ← من .

ن + ر ← نر . ن + ل ← نل . ع + ن ← عن . ى + ن ← ين .

ن + س ← نس . ن + م ← نم . ج + ن + گ ← جنگ .

ن + ص ← نص . ن + و ← نو . ق + ن + ع ← قنع .

ن + ط ← نط . ن + ه ← نه . ه + ن + د ← هند .

verbundene Formen			freie Form
rechts	beiderseits	links	

	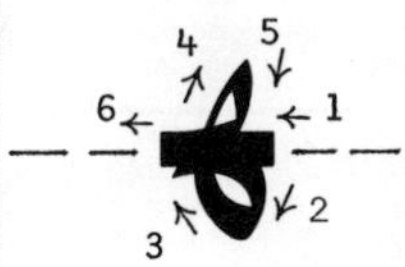		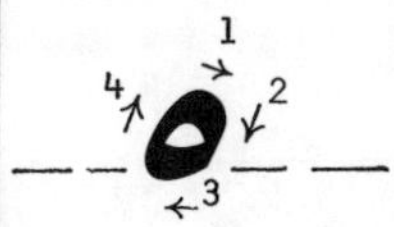

Lautwert:

im Arab. /h/ im Pers. /h/,/e,a/ im Auslaut

Kombination mit anderen Schriftzeichen:

←

ه + ه + ه ← ههه .

ه + ا ← ها . ه + ف ← هف . ج + ه ← جه . ك + ه ← كه .

ه + ب ← هب . ه + ل ← هل . د + ه ← ده . ل + ه ← له .

ه + ج ← هج . ه + م ← هم . ر + ه ← ره . م + ه ← مه .

ه + د ← هد . ه + ن ← هن . س + ه ← سه . ن + ه ← نه .

ه + ر ← هر . ه + و ← هو . ف + ه ← فه . ى + ه ← يه .

ه + س ← هس . ه + ى ← هى . م + ه + ر ← مهر .

ه + ض ← هض . ا + ه ← اه . ط + ه + ى ← طهى .

ه + ط ← هط . ب + ه ← به . ن + ه + ج ← نهج .

verbundene Formen			freie Form
rechts	beiderseits	links	
و	—	—	و
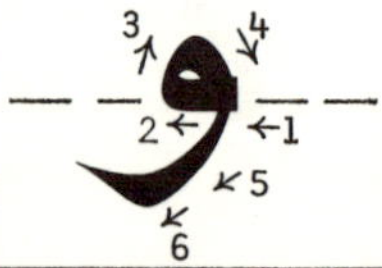	—	—	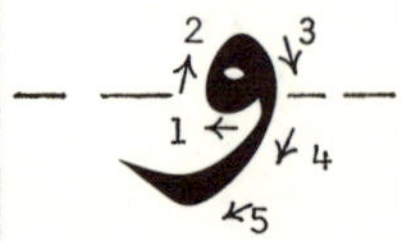

Lautwert:

im Arab. /w,u:/   im Pers. /v,o,u/

Kombination mit anderen Schriftzeichen:

←

و + و + و ← ووو .

و + ا ← وا .   و + ف ← وف .   ب + و ← بو.   ع + و ← عو.

و + ث ← وث.   و + ق ← وق .   خ + و ← خو.   ف + و ← فو.

و + ح ← وح .   و + ك ← وك .   د + و ← دو.   ق + و ← قو.

و + د ← ود .   و + ل ← ول .   س + و ← سو.   ك + و ← كو.

و + ر ← ور .   و + ن ← ون .   ط + و ← طو.   م + و ← مو.

و + س ← وس.   و + ه ← وه .   غ + و + ل ← غول .

و + ص ← وص.   و + ی ← وی .   م + و + س ← موس.

و + ط ← وط.   ا + و ← او .   ن + و + م ← نوم .

verbundene Formen			freie Form
rechts	beiderseits	links	
ـى	ـيـ	يـ	ى

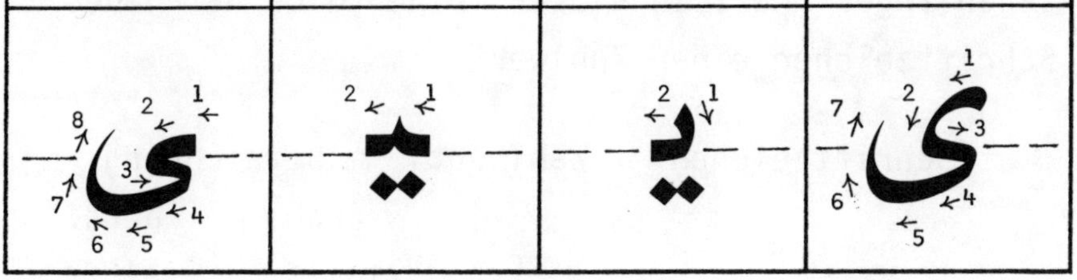

Lautwert:

im Arab. /j,i:,a:/ im Pers./j,i/

Kombination mit anderen Schriftzeichen:

←

ى + ى + ى ← ييى .

ى + ا ← يا . ى + ك ← يك . د + ى ← دى . ف + ى ← فى .

ى + ت ← يت . ى + م ← يم . ر + ى ← رى . ك + ى ← كى .

ى + خ ← يخ . ى + ن ← ين . س + ى ← سى . ل + ى ← لى .

ى + د ← يد . ى + ه ← يه . ط + ى ← طى . م + ى ← مى .

ى + ر ← ير . ى + و ← يو . غ + ى ← غى . ن + ى ← نى .

ى + س ← يس . ا + ى ← اى . ط + ى + ب ← طيب .

ى + ف ← يف . پ + ى ← پى . ق + ى + د ← قيد .

ى + ق ← يق . ح + ى ← حى . م + ى + ل ← ميل .

1.3. Reihenfolgen und Bezeichnungen der arab.- pers. Schriftzeichen

Die arab.- pers. Schriftzeichen werden in folgenden Reihenfolgen verwendet:

a. Die ʾAbǰadī-Reihenfolge (ابجدی arab. /ʔabǰadi:/, pers. /abǰadî/) ist wie beim Aramäischen und Hebräischen angeordnet. In dieser Reihenfolge hat jedes Schriftzeichen einen Zahlwert:

Schriftzeichen	Zahlwert	Bezeichnung arab.	Bezeichnung pers.
ا	1	/ʔalif/	/aléf/
ب	2	/ba:ʔ/	/bé,bā́/
ج	3	/ǰi:m/	/jîm/
د	4	/da:l/	/dā́l/
ه	5	/ha:ʔ/	/hé/
و	6	/wa:w/	/vā́v/
ز	7	/za:ʔ/	/zé/
ح	8	/ħa:ʔ/	/hé/
ط	9	/ŧa:ʔ/	/tā́/
ی	10	/ja:ʔ/	/jé/
ك	20	/ka:f/	/kā́f/
ل	30	/la:m/	/lā́m/
م	40	/mi:m/	/mîm/
ن	50	/nu:n/	/nûn/
س	60	/si:n/	/sîn/
ع	70	/ʕain/	/éjn/

ف	80	/fa:ʔ/	/fê/
ص	90	/ṣa:d/	/sā́d/
ق	100	/qa:f/	/ġā́f/
ر	200	/ra:ʔ/	/rê/
ش	300	/ši:n/	/šîn/
ت	400	/ta:ʔ/	/tê/
ث	500	/θa:ʔ/	/sê/
خ	600	/xa:ʔ/	/xê/
ذ	700	/ða:l/	/zā́l/
ض	800	/ḍa:d/	/zā́d/
ظ	900	/ẓa:ʔ/	/zā́/
غ	1000	/ġain/	/ġéjn/

b. Die ʾAbtaṯī-Reihenfolge (ا بتثى arab. /ʔabtaθi:/, pers. /abtasî/) wird nach Gestalt- und Formenähnlichkeit der Schriftzeichen gebildet. Heute wird ausschließlich diese Reihenfolge verwendet:

					د		← ا ↓
و	ل	ف	ط	س	ذ	ج	ب
ی	م	ق	ظ	ش	ر	چ 1)	پ 1)
	ن	ك	ع	ص	ز	ح	ت
	ه	گ 1)	غ	ض	ژ 1)	خ	ث

---

1) Diese Schriftzeichen kommen im klassischen Arabisch nicht vor.

Statt der Reihenfolge ى و ه für die letzten drei Schriftzeichen gibt es eine ältere Anordnung ى ه و.

c. Die Muˁǰam-Reihenfolge (معجم arab. /muˁǰam/, pers. /moˀǰám/) wird nach den Artikulationsstellen der Lautwerte der Schriftzeichen angeordnet (von glottal bis labial):

←

ء ا ه ع ح غ خ ق ك ض ج ش ى

ل ر ن ط د ت ص ز س ظ ذ ث ف

ب م و

2. Das Arabische

Das Arabische ist die bedeutendste lebende semitische Sprache. Das Semitische und das Hamitische bilden zusammen die semitisch-hamitische Sprachfamilie (vgl. Schema auf S. 42).
Mit der Verbreitung des Islams hat sich die arabische Sprache nach Mesopotamien, Syrien, Ägypten und weite Teile Nordafrikas ausgedehnt. Aufgrund historisch-stilistischer, sozialer und typologischer Merkmale kann man drei Formen des Arabischen unterscheiden: klassisches Arabisch, modernes Hocharabisch, arabische Dialektsprachen.

a. Das klassische Arabisch ist die Sprache des Korans.

Es wird heute hauptsächlich als Sprache des Islams inner- und außerhalb der arabischen Welt verwendet. Vom 9. - 16. Jh. n. Chr. war das klassische Arabisch internationale Verkehrssprache des Nahen und Mittleren Ostens. Das klassische Arabisch hat viele Lehnwörter aus dem Aramäischen, dem Griechischen und weiteren Sprachen aufgenommen. Andere Sprachen wie z.B. Persisch, Türkisch, Urdu, afrikanische Sprachen (Swahili und Hausa) und Malaiisch haben ihrerseits zahlreiche arabische Wörter übernommen.

b. Das moderne Hocharabisch hat sich im vorigen Jahrhundert aus dem klassischen Arabisch entwickelt. Die Entwicklung des klassischen Arabisch zum modernen Hocharabisch mag als Ausdruck eines Wandels im politischen Bewußtsein und als Versuch, das klassische Arabisch der modernen Welt anzupassen, angesehen werden. Das moderne Hocharabisch ist heute Symbol der kulturellen und politischen Zusammengehörigkeit aller arabischen Länder. Es wird heute in den arabischen Staaten als Standardarabisch in der Schriftsprache der Wissenschaft, Bildung, Literatur, des Theaters und in den Massenmedien verwendet. Das moderne Hocharabisch wird von ca. 100 Mio. Menschen gesprochen.

c. Das moderne Hocharabisch ist in viele Dialektsprachen wie Ägyptisch, Syrisch, Algerisch, Marokkanisch usw. untergliedert. Die sprachlichen Unterschiede zwi-

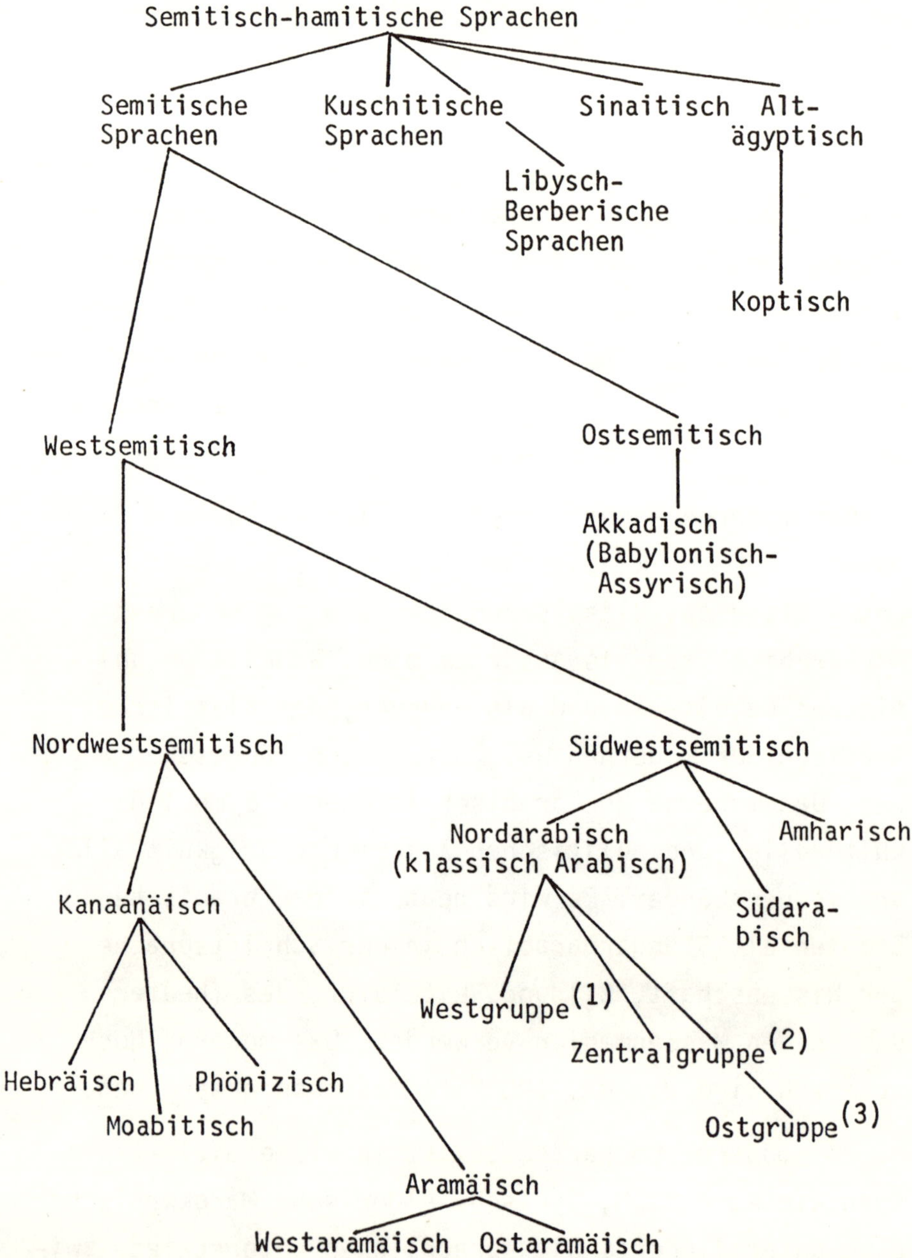

1) Tunesisch, Algerisch, Marokkanisch, Maltesisch usw.
2) Dialekte der Arabischen Halbinsel
3) Syrisch, Ägyptisch, Irakisch usw.

schen den Dialektsprachen sind so groß, daß eine verbale Kommunikation zwischen vielen Dialektsprechern nur durch das moderne Hocharabisch möglich ist.

2.1. Das Lautsystem des modernen Hocharabisch

Das Lautsystem des modernen Hocharabisch besitzt 28 Konsonanten, 3 Vokale und 2 Diphthonge:

a. Konsonanten

		nicht-emphatisch							*emphatisch*
		labial	*dental*	*palatal*	*velar*	*uvular*	*pharyngal*	*glottal*	*dental*
Verschlußlaut	*stl.*		t		k	q		ʔ	ŧ
	sth.	b	d	ǰ					đ
Reibelaut	*stl.*	f	θ s	š	x		ħ	h	ꞩ
	sth.		ð z		ğ		ʕ		ƶ
Nasale		m	n						
Seitenlaut			l						
Vibrant			r						
Halbvokale		w		j					

b. Vokale

	vorn	*zentral*	*hinten*	
hoch	i		u	±/:/
tief		a		

Die Vokallänge ist phonologisch distinktiv. Die Kurz- und Langvokale werden durch das Quantitätsmerkmal (Länge) voneinander unterschieden:

Kurzvokale:

i

a

u

Langvokale:

i:

a:

u:

c. Diphthonge:

ai

au

2.2. Phonetische Beschreibung der einzelnen Lautzeichen

a. Konsonanten

Laut-zeichen	Beschreibung
t	*Apiko-dentaler, stimmloser Fortis-Verschlußlaut, wird wie dt.* ´t´ *artikuliert.*
d	*Apiko-dentaler, stimmhafter Lenis-Verschlußlaut, wie dt.* ´d´ *in* ´Dame´.
k	*Dorsal-postpalataler bis dorsal-velarer, stimmloser Fortis-Verschlußlaut, fast wie dt.* ´k´.
q	*Postdorsal-postvelarer bzw. postdorsal-uvularer, stimmloser Fortis-Verschlußlaut, kommt im Dt. nicht vor.*
?	*Kehlkopfverschlußlaut, der wie im Dt. vor anlautenden Vokalen oder zwischen Vokalen ausgesprochen wird:* Beobachtung =

Laut-zeichen	Beschreibung
	´Be[ʔ]obachtung´.
b	*Bilabialer, stimmhafter Lenis-Verschlußlaut, wie dt.* ´b´ *in* ´Buch´.
ǰ	*Koronal-präpalatale, stimmhafte Affrikate, fast wie engl.* ´j´ *in* ´Jim´. *In Ägypten wird sie* ´g´, *in Syrien, Libanon und Nordafrika* ´ž´ *(stimmhaftes* š *) ausgesprochen.*
f	*Labiodentaler, stimmloser Fortis-Reibelaut, wie dt.* ´f´ *in* ´fahren´.
θ	*Koronal-interdentaler, stimmloser Fortis-Reibelaut, wie engl.* ´th´ *in* ´think´.
ð	*Koronal-interdentaler, stimmhafter Lenis-Reibelaut, wie engl.* ´th´ *in* ´this´.
s	*Apiko-dentaler bis -alveolarer, stimmloser Fortis-Reibelaut, fast wie dt.* ´s´ *in* ´das´.
z	*Apiko-dentaler bis -alveolarer, stimmhafter Lenis-Reibelaut, fast wie dt.* ´s´ *in* ´Sonne´.

Laut-zeichen	Beschreibung
š	*Apiko-präpalataler, stimmloser Fortis-Reibelaut, wie dt.* ´sch´, *aber ohne Lippenrundung.*
x	*Postdorsal-postvelarer bzw. postdorsal-uvularer, stimmloser Fortis-Reibelaut, wird kräftiger als dt.* ´ch´ *wie in* ´Krach´ *artikuliert.*
ġ	*Postdorsal-postvelarer bzw. postdorsal-uvularer, stimmhafter Lenis-Reibelaut, hat eine gewisse Ähnlichkeit mit dem nicht gerollten Zäpfchen-r des Dt.*
ħ	*Pharyngaler, stimmloser Fortis-Reibelaut, der durch Verengung des Rachens (der Pharynx) gebildet wird, ist in europäischen Sprachen unbekannt.*
ʕ	*Pharyngaler, stimmhafter Lenis-Reibelaut (stimmhafte Entsprechung zu /*ħ*/)*
h	*Glottaler, stimmloser Fortis-Reibelaut, der kräftiger als dt.* ´h´ *artikuliert wird.*

Lautzeichen	Beschreibung
m	*Bilabialer, stimmhafter Nasal, wie dt.* ´m´ *in* ´Mitte´.
n	*Apiko-dentaler bis -alveolarer, stimmhafter Nasal, wie dt.* ´n´ *in* ´nein´.
l	*Apiko-dentaler bis -alveolarer, stimmhafter Seitenlaut, kommt nur im Wort* /ʔalla:h/ *"Gott" velarisiert vor.*
r	*Apiko-dentaler bis -alveolarer, stimmhafter, gerollter Zungenspitzen-r-Laut.*
w	*Bilabialer Halbvokal, wie engl.* ´w´ *in* ´well´.
j	*Prädorsal-präpalataler Halbvokal, wie das unsilbische* [ĭ] *in dt. Wörtern wie* ´Filiale´ *und* ´Gremium´.
ṭ	*Emphatisches* /t/ [1]*: apiko-alveolarer,*

1) Die emphatischen Konsonanten werden von den entsprechenden nicht-emphatischen Konsonanten /t,d,s,z/ *durch Velarisierung unterschieden. Die emphatischen Laute werden auch pharyngalisiert (Al-Ani 1970: 45ff) und velarisiert-gepreßt (Kästner 1981: 42ff) genannt.*

Laut-zeichen	Beschreibung
	velarisierter, stimmloser Fortis-Verschlußlaut.
đ	*Emphatisches* /d/*: apiko-alveolarer, velarisierter, stimmhafter Lenis-Verschlußlaut.*
s̶	*Emphatisches* /s/*: koronal-alveolarer, velarisierter, stimmloser Fortis-Reibelaut.*
z̶	*Emphatisches* /z/*: koronal-alveolarer, velarisierter, stimmhafter Lenis-Reibelaut.*

b. Vokale

Laut-zeichen	Beschreibung
i	*Hoher, vorderer, ungerundeter, kurzer Vokal, wie dt.* ´i´ *in* ´Bild´.
a	*Tiefer, vorderer bis hinterer, ungerundeter, kurzer Vokal, wie dt.* ´a´ *in* ´Mann´.

Laut- zeichen	Beschreibung
u	*Hoher, hinterer, gerundeter, kurzer Vokal, fast wie dt.*'u' *in* 'Wunder'.
i:	*Hoher, vorderer, ungerundeter, langer Vokal, fast wie dt.*'ie' *in* 'Lied'.
a:	*Tiefer, vorderer bis hinterer, ungerundeter, langer Vokal,wie dt.*'a' *in* 'Sage'.
u:	*Hoher, hinterer, gerundeter, langer Vokal, fast wie dt.*'u' *in* 'Spuk'.

Die Vokale treten in Kontakt mit den emphatischen Konsonanten velarisiert auf.

c. Diphthonge

Laut- zeichen	Beschreibung
ai	*Fast wie dt.* 'ei' *in* 'Bein'.
au	*Fast wie dt.* 'au' *in* 'auch'.

Phonologisch können die Diphthonge als Verbindungen von Kurzvokal und Halbvokal (/a + j/, /a + w/) betrachtet werden.

2.3. Diakritische Hilfszeichen

a. Vokalzeichen ـَ ـُ ـِ /a u i/

Da die arab.-pers. Schrift eine Konsonantenschrift ist, werden die kurzen Vokale /a,u,i/ durch zusätzliche Zeichen angezeigt:

(1) ـَ فَتْحَه /fatħa/ über dem Konsonanten zeigt an, daß ihm ein /a/ folgt. Beispiele:

"abreisen" /safar/ سَفَرْ ← ر + ـَ + ف + ـَ + س

"Blitz" /barq/ بَرْقْ ← ق + ر + ـَ + ب

(2) ـُ ضَمَّه /đamma/ über dem Konsonanten zeigt an, daß ihm ein /u/ folgt. Beispiele:

"Hauptteil" /ǰull/ جُلّ ← لّ + ـُ + ج

"Verweigerung" /nuku:l/ نُكول ← ل + و + ك + ـُ + ن

(3) ـِ كَسْرَه /kasra/ unter dem Konsonanten zeigt an, daß ihm ein /i/ folgt. Beispiele:

"Wurzel" /sinx/ سِنْخْ ← خ + ن + ـِ + س

."Größe" /kibr/ كِبْرْ ← ر + ب + ـِ + ك

Im Wortauslaut dienen die kurzen Vokale als Kasussuffix : Durch ـُ /u/ wird der Nominativ, durch ـِ /i/ der Genetiv und durch ـَ /a/ der Akkusativ angezeigt. Beispiele:

Nom. اَلْمُعَلِّمُ /ʔal-muʕallim-u/ "der Lehrer"

Gen. اَلْمُعَلِّمِ /ʔal-muʕallim-i/ "des Lehrers"

Akk. اَلْمُعَلِّمَ /ʔal-muʕallim-a/ "den Lehrer"

b. ـْ جَزْمَه /ǯazma/ oder سُكونْ /suku:n/ über dem Konsonanten zeigt an, daß auf den jeweiligen Konsonanten kein Vokal folgt. Beispiele:

"Unglück" /nakb/ نَكْبْ ← ب + ك + ـَ + ن

"fest" /θabt/ ثَبْتْ ← ت + ب + ـَ + ث

c. ـ~ مَدَّه /madda/ steht am Anfang oder in der Mitte eines Wortes über Alif, wenn أ /ʔ/ mit langem Vokal ا /a:/, nämlich اأ zusammen ausgesprochen werden. Beispiele:

"friedlich" /ʔa:min/ آمِنْ ← أامن

"Familie" /ʔa:l/ آلْ ← أال

"der Koran"/ʔal-qurʕa:n/ اَلْقُرْآنْ ← القرأان

d. ـّ تَشْديدْ /tašdi:d/, شَدَّه /šadda/ kennzeichnet die

Verdoppelung des Konsonanten (Konsonantenlänge), über dem es steht. Das Taschdidzeichen verbindet sich mit den Vokalzeichen wie folgt:

←

ـَّ ← ـَ + ـّ

ـُّ ← ـُ + ـّ

ـِّ , ـّ ← ـِ + ـّ

Beispiele: ←

"(er) ging vorüber" /marra/ مَرَّ

"Vertrauen" /tawakkul/ تَوَكُّلْ

"Lehrer" /muˁallim/ مُعَلِّمْ , مُعَلِّمْ

Die Verdoppelung des Konsonanten kommt nur im In- und Auslaut, meistens im Inlaut vor.

e. ـٱ وَصْلَه /wasla/ steht über wortbeginnendem Alif, wenn dieses in Verbindung mit dem vorausgehenden Wort nicht ausgesprochen wird. Beispiele:

/ʔal-kita:b/ اَلْكِتَابْ + "wo ?" /ʔaina/ أَيْنَ ←

/ʔaina-l-kita:b/ أَيْنَ ٱلْكِتَابْ ← "das Buch"

"Wo (ist) das Buch ?"

/ʔal-wazi:r/ اَلْوَزِيرْ + "Sohn" /ʔibn/ إِبْنْ ←

/ʔibnu-l-wazi:r/ إِبْنُ ٱلْوَزِيرْ ← "der Wesir"

"Sohn des Wesirs"

اَللّٰه + "Name" /ʔism/ إِسْمْ + "bei" /bi/ بِ ←

/bi-smi-l-la:h/ بِسْمِ ٱللّٰه ← /ʔal-la:h/
"im Namen Gottes"

f. ء /ʔ/ هَمْزَة /hamza/ ist ein stimmloser Glottalverschlußlaut. Das Hamzazeichen wird immer getrennt geschrieben,d.h.es wird weder mit dem vorausgehenden noch mit dem nachfolgenden Schriftzeichen noch mit seinem Träger verbunden. Es steht mit ا ,و oder ى, wenn diese den Lautwert des Kehlkopfverschlußlautes haben:

(1) Am Anfang eines Wortes ist Alif ا Träger von Hamza. Hamza wird über Alif ا geschrieben, wenn darauf ein َ /a/ oder ُ /u/ folgt:

/ʔa/ أ ← َ + ء

/ʔu/ أُ ← ُ + ء

Wenn auf Hamza ein ِ /i/ folgt, wird es unter Alif ا geschrieben:

/ʔi/ إ ← ِ + ء

Beispiele:

"(er) aß" /ʔakala/ أَكَلَ ← َ + ل + َ + ك + َ + ء

"schreib!"/ʔuktub/ أُكْتُبْ ← ب + ُ + ت + ك + ُ + ء

"Islam" /ʔisla:m/ إِسلام ← م + ا + ل + س + ِ + ء

(2) In der Mitte des Wortes können alle drei Schriftzeichen ا, و und ى unter folgenden Bedingungen Träger

von Hamza sein:

- Alif ا wird als Träger von Hamza verwendet, wenn nach Hamza ein ـَ /a/ oder ein Konsonant folgt.

Beispiele:

"(er) fragte" /saʔala/ سَأَلَ ← ـَ + ل + ـَ + ء + ـَ + س

"Kraft,Mut" /baʔs/ بَأْسْ ← س + ء + ـَ + ب

Nach Alif ا /a:/ wird Hamza auf die Schreiblinie gesetzt und hat keinen Träger. Beispiele:

/tasa:ʔala/ تَساءَلَ ← ـَ + ل + ـَ + ء + ا + س + ـَ + ت
"(er) fragte sich"

- و ist Träger von Hamza bei folgenden Lautverbindungen:

ـُ /u/ + ء /ʔ/ + {ا /a(:)/, ø ø} ⇒ ...ـُؤ(ا)...

{ـَ /a/, ـُ /u/, ø ø} + ء /ʔ/ + و /u:/ = ...ـَؤو..., ...ـُؤو..., ...øؤو...

ا /a:/ + ء /ʔ/ + ـُ = ...اؤُ...

Beispiele:

"Frage" /suʔa:l/ سُؤَالْ ← ل + ا + ء + ـُ + س

/muʔabbad/ مُؤَبَّدْ ← د + ـَ + ب + ب + ـَ + ء + ـُ + م
"ewig"

/muʔtalif/ مُؤْتَلِفْ ← ف + ـِ + ل + ـَ + ت + ء + ـُ + م
"vereinigend"

"gütig" /raʔu:f/ رَؤُوفْ ← ف + و + ء + ـَ + ر

←
ش + ـُ + ء + و + ن ← شُؤُونْ /šuʔu:n/,
Pl. von /šaʔn/ "Sache"
م + ـَ + س + ء + و + ل ← مَسْؤُولْ /masʔu:l/
"verantwortlich"
ت + ـَ + س + ا + ء + ـُ + ل ← تَسَاؤُلْ /tasa:ʔul/
"(gegenseitige) Befragung"

Nach و /u:/ wird Hamza auf die Schreiblinie gesetzt und hat keinen Träger. Beispiel:

←
س + و + ء + ـَ + ك + ـَ ← سوءَكَ /su:ʔaka/
"dein Böses"

-Wenn Hamza in Umgebung von ـِ /i/ oder ى /i:/ vorkommt, ist ى Träger von Hamza. Beispiele:

←
ب + ـِ + ء + ر ← بِئْرٌ /biʔr/ "Brunnen"

ر + ـَ + ء + ى + س ← رَئِيسْ /raʔi:s/ "Chef"

ى als Träger von Hamza hat keine Punkte.

(3) Am Ende des Wortes sind die Träger des Hamza abhängig von den vorausgehenden Vokalen:

- Ist der vorausgehende Vokal ein ـَ /a/, so wird Hamza von Alif ا getragen. Beispiel:

←
ق + ـَ + ر + ـَ + ء + ـَ ← قَرَأَ /qaraʔa/ "(er) las"

- Wenn ـِ /i/ der vorausgehende Vokal ist, wird Hamza

von ى getragen. Beispiel:

"Verfasser" /munši?/ مُنْشِئْ ← ء + ـِ + ش + ن + ـُ + م

-Ist der vorausgehende Vokal ein ـُ /u/, so wird Hamza von و getragen. Beispiel:

"Perle" /lu?lu?/ لُؤْلُؤْ ← ء + ـُ + ل + ء + ـُ + ل

- Nach Konsonanten und langen Vokalen wird Hamza allein geschrieben. Beispiele:

"Aufsatz" /?inša:?/ إِنْشاء ← ء + ا + ش + ن + ـِ + ء

"unschuldig" /bari:?/ بَرِىء ← ء + ى + ر + ـَ + ب

"Böses" /su:?/ سوء ← ء + و + س

"Verlust" /ruz?/ رُزْء ← ء + ز + ـُ + ر

Am Wortende kann Hamza ء nach langen Vokalen auch schwinden:

إِنشا , بَرى ,سو

g. ـً ـٌ(ـٌ) / ـٍ /-an -un / -in/ تَنْوِين /tanwi:n/ "Tanwin, Nunation"

- ـً ـٌ(ـٌ) /-an -un/ stehen im Auslaut über dem letzten Konsonanten.

- ـٍ /-in/ steht im Auslaut unter dem letzten Konsonanten.

Die Tanwinzeichen dienen als unbestimmtes Artikelsuffix. Sie werden folgendermaßen verwendet:

ـٌ (ـٌ ـٌ) /-un/ im Nominativ

ـٍ /-in/ im Genetiv

ـًا /-an/ im Akkusativ

Beispiele:

ـٌ /-un/: مُعَلِّمٌ /muˁallim-un/ ein Lehrer (Nom.)

كِتَابٌ /kita:b-un/ ein Buch (Nom.)

ـٍ /-in/: مُعَلِّمٍ /muˁallim-in/ eines Lehrers (Gen.)

كِتَابٍ /kita:b-in/ eines Buches (Gen.)

ـًا /-an/: مُعَلِّمًا /muˁallim-an/ einen Lehrer (Akk.)

كِتَابًا /kita:b-an/ ein Buch (Akk.)

Das Tanwinzeichen ـٌ kann auch ـٌ oder ـٌ geschrieben werden. Bei den Wörtern, die Hamza ء /ʔ/ oder ة (ـة) im Auslaut haben, wird das Tanwinzeichen ـًا /-an/ ohne Alif, nämlich ـً verwendet:

"Wasser (Akk.)" /ma:ʔ-an/ مَاءً ← ـًا + مَاء

"Dame (Akk.)" /sajjidat-an/ سَيِّدَةً ← ـًا + سَيِّدَة

"Stadt (Akk.)" /madi:nat-an/ مَدِينَةً ← ـًا + مَدِينَة

h. تَاء مَرْبُوطَة ة /ta:ʔ marbu:ṭa/ wird verwendet, um das Femininsuffix /-atun/ anzuzeigen. ة ist eine Kombination von ه mit den Punkten von ت . In Pausalform (vor Sprechpausen) wird es /-a(h)/ und in Kontextform /-atun/ ausgesprochen. Beispiele:

مُعَلِّمَة { Pausalform /muˁallim-a/ ; Kontextform /muˁallim-atun/ } "Lehrerin"

مَلِكَة { Pausalform /malik-a/ ; Kontextform /malik-atun/ } "Königin"

Wenn nach ة noch ein Suffix vorkommt, wird anstatt ة normales ت verwendet. Beispiele:

/-ka/ كَ + "Lehrerin (Nom.)" /muˁallim-atun/ مُعَلِّمَةٌ ←

/muˁallim-atu-ka/ مُعَلِّمَتُكَ ← "deine(r,-s)"

"deine Lehrerin"

/-ha:/ ها + "Königin (Nom.)" /malik-atun/ مَلِكَةٌ

/malik-atu-ha:/ مَلِكَتُهَا ← "ihre(r,-s)"

"ihre Königin"

i. ى أَلِف مَقْصورَه /ʔalif maqsu:ra/ ist ein auslautendes ى, das als Alif dient und /a:/ ausgesprochen wird. Beispiele:

رَمىٰ /rama:/ "(er) warf"

ذِكْرىٰ /ðikra:/ "Erinnerung"

Mit dem Suffix verwandelt sich das Alif-Maqsura ىٰ in ا:

← "ihn" /-hu/ هُ + "(er) warf" /rama:/ رَمىٰ ←

"(er) warf ihn" /rama:-hu/ رَمٰاهُ

In älteren Texten wird Alif als Vokalzeichen (Miniatur-Alif, vgl. Al-Ani u.a. 1967: 113) verwendet, um den Langvokal /a:/ zu bezeichnen. Beispiele:

حَيٰوةٌ (حَيَاةٌ) /ħaja:t/ "Leben"

صَلٰوةٌ (صَلَاةٌ) /ṣala:t/ "Gebet"

رَمٰى "(er) warf"

Noch heute wird diese Schreibweise in einigen Wörtern verwendet. Beispiele:

أَللّٰهُ /ʔalla:h/ "Gott"

هٰذَا /ha:ða:/ "dieser"

أَلرَّحْمٰنْ /ʔar-raħma:n/ "der Allbarmherzige"

2.4. Assimilation des Artikels

Der Artikel أَلْ /(ʔa)l-/ wird mit dem Substantiv zusammengeschrieben. Das ل /l/ des Artikels assimiliert sich an die folgenden Konsonanten:

ت /t/, د /d/, ث /θ/, ذ /ð/, س /s/, ز /z/,
ن /n/, ل /l/, ر /r/, ش /š/, ط /ṭ/, ض /ḍ/,
ص /ṣ/, ظ /ẓ/

Außer /š/, das palatal ist, sind alle anderen Konsonanten dental.

Aufgrund der Assimilation des Artikels werden die arab. Schriftzeichen in zwei Gruppen mit zwei Kennwörtern eingeteilt: أَلشَّمْس /ʔaš-šams/ "die Sonne" ist Kennwort für die assimilierenden Schriftzeichen, أَلْقَمَرْ /ʔal-qamar/ "der Mond" ist Kennwort für die nicht assimilierenden Schriftzeichen:

ك /k/, ق /q/, ء /ʔ/, ب /b/, ج /ǰ/, ف /f/, خ /x/

ح /ħ/, ه /h/, غ /ġ/, ع /ʕ/, م /m/, و /w/, ى /j/

2.5. Zusammenschreibung

Die Präpositionen und Partikeln, die nur aus einem Schriftzeichen bestehen, werden mit dem folgenden Wort zusammengeschrieben. Beispiele:

← "Stadt" /balad/ بَلَدْ + "mit,bei,in" /bi-/ بِ ←

"in einer Stadt" /bi-balad-in/ بِبَلَدٍ

/ʔamara/ أَمَرَ + "und dann,sodann" /fa-/ فَ

/fa-ʔamara/ فَأَمَرَ ← "(er) befahl"

"und dann befahl (er)"

2.6. Lautzeichen und Schriftzeichen im einzelnen

2.6.1. Vom Lautzeichen zum Schriftzeichen

2.6.1.1. Konsonanten

	Lautzeichen	Schriftzeichen
a. Verschlußlaute		
(1) Stimmlos:		
	t	ت
	k	ك
	q	ق
	ʔ	ء
	ŧ	ط
(2) Stimmhaft:		
	b	ب
	d	د
	đ	ض
b. Affrikate(stimmhaft)		
	ǰ	ج
c. Reibelaute		
(1) Stimmlos:		
	f	ف
	θ	ث
	s	س
	š	ش

x خ

ħ ح

h ه

ꞩ ص

(2) Stimmhaft:

ð ذ

z ز

ġ غ

ʕ ع

ƶ ظ

d. Nasale:

m م

n ن

e. Seitenlaut:

l ل

f. Vibrant:

r ر

h. Halbvokale:

w و

j ى

2.6.1.2. Vokale

	Lautzeichen	Schriftzeichen
a. Kurze Vokale:		
	i	∅
	a	∅
	u	∅
b. Lange Vokale:		
	i:	ى
	a:	ا, ى[1]
	u:	و

2.6.2. Vom Schriftzeichen zum Lautzeichen

Schriftzeichen	Lautzeichen
ا	ʔ,a:
ب	b
ت	t
ث	θ
ج	ǰ
ح	ħ
خ	x
د	d

---

1) *Vgl. S. 59.*

ذ	ð
ر	r
ز	z
س	s
ش	š
ص	ṣ
ض	ḍ
ط	ṭ
ظ	ẓ
ع	ʿ
غ	ġ
ف	f
ق	q
ك	k
ل	l
م	m
ن	n
ه	h
و	w,u:
ى	j,i:,a:[1]

---

1) Vgl. S. 59.

3. Das Neupersische (Fārsi)

Das Neupersische gehört mit anderen iranischen Sprachen und Dialekten (z.B. Tadschikisch, Kurdisch, Paschtu usw.) zum indoiranischen bzw. arischen Sprachzweig der indogermanischen Sprachfamilie (vgl. Schema auf S. 67). Die iranischen Sprachen werden wie andere indogermanische Sprachen historisch gesehen in drei Zeitstufen eingeteilt: Altiranisch (Altpersisch und Awesta), Mitteliranisch (Mittelpersisch "Pahlavi", Sakisch, Soghdisch usw.) und Neuiranisch (Neupersisch "Fārsi", Tadschikisch, Kurdisch, Paschtu, Balutschi usw.). Das Neupersische hat sich mit Beginn des 8.Jh. n.Chr. aus dem Pārsi oder Fārsi entwickelt. Die tadschikische Sprache, die in Tadschikistan gesprochen wird, ist mit dem Neupersischen eng verwandt. Das Neupersische wurde im Laufe der Zeit zu einer Hochsprache in Literatur und Wissenschaft. Es entwickelte sich zur führenden Literatursprache des Mittleren Ostens. Das Schahname, das große Werk Ferdovsis, gilt als bedeutendste Quelle des Frühneupersischen. Heute ist die neupersische Sprache eine der wichtigsten Literatursprachen der Welt und die bedeutendste der iranischen Sprachen. Den iranischen und auch vielen nichtiranischen Völkern dient es als Verkehrssprache. Das Neupersische wird seit dem 8.Jh.n.Chr. mit der arabisch-persischen Schrift geschrieben.

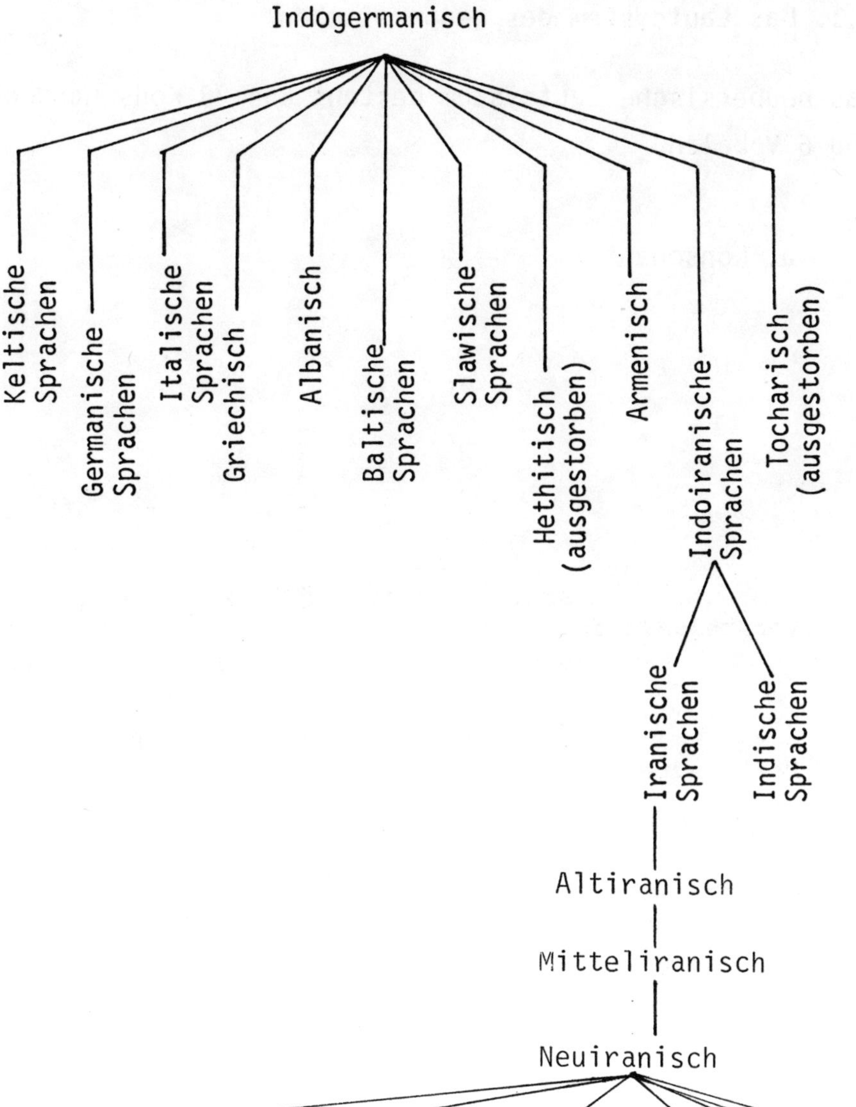
Indogermanisch
Keltische Sprachen
Germanische Sprachen
Italische Sprachen
Griechisch
Albanisch
Baltische Sprachen
Slawische Sprachen
Hethitisch (ausgestorben)
Armenisch
Indoiranische Sprachen
Tocharisch (ausgestorben)
Iranische Sprachen
Indische Sprachen
Altiranisch
Mitteliranisch
Neuiranisch
Neupersisch
Tadschikisch
Kurdisch
Paschtu
usw.

3.1. Das Lautsystem des Neupersischen

Das neupersische Lautsystem besteht aus 23 Konsonanten und 6 Vokalen.

a. Konsonanten

		labial	*dental*	*palatal*	*velar*	*glottal*
Verschlußlaute	*stl.*	p	t	č	k	?
	sth.	b	d	ǰ	g	
Reibelaute	*stl.*	f	s	š	x	h
	sth.	v	z	ž	ġ	
Nasale		m	n			
Seitenlaut			l			
Vibrant			r			
Halbvokal				j		

b. Vokale

	vorn (ungerundet)	hinten (gerundet)
hoch	i	u
mittel	e	o
tief	a	ā

3.2. Phonetische Beschreibung der einzelnen Lautzeichen

a. Konsonanten

Laut-zeichen	Beschreibung
p	*Bilabialer, stimmloser Fortis-Verschlußlaut, wie dt.* 'p'.
b	*Bilabialer, stimmhafter Lenis-Verschlußlaut, wie dt.* 'b' *in* 'baden'.
t	*Apiko-dentaler (die Zungenspitze kann auch den Zahndamm berühren), stimmloser Fortis-Verschlußlaut, fast wie dt.* 't'.

Lautzeichen	Beschreibung
d	*Apiko-dentaler (wie bei /*t*/ kann die Zungenspitze den Zahndamm berühren), stimmhafter Lenis-Verschlußlaut, fast wie dt.* ´d´ *in* ´Dieb´.
k	*Postdorsal-postpalataler bis velarer, stimmloser Fortis-Verschlußlaut, fast wie dt.* ´k´.
g	*Postdorsal-postpalataler bis velarer, stimmhafter Lenis-Verschlußlaut, fast wie dt.* ´g´ *in* ´Gabe´.
ʔ	*Stimmloser Kehlkopfverschlußlaut* [1].
č	*Prädorsal-palatoalveolare, stimmlose Fortis-Affrikate, fast wie engl.* ´ch´ *in* ´Chaplin´.
ǰ	*Prädorsal-palatoalveolare, stimmhafte Lenis-Affrikate, fast wie engl.* ´j´ *in* ´John´.

1) Vgl. S. 45.

Laut- zeichen	Beschreibung
f	*Labiodentaler, stimmloser Fortis-Reibelaut, wie dt.* ´f´.
v	*Labiodentaler, stimmhafter Lenis-Reibelaut, wie dt.* ´w´ *in* ´Wald´. *Nach* /o/ *wird er als Halbvokal* [w] *realisiert.*
s	*Prädorsaler, dentaler bis alveolarer, stimmloser Fortis-Reibelaut, wie dt.* ´s´ *in* ´Haus´.
z	*Prädorsaler, dentaler bis alveolarer, stimmhafter Lenis-Reibelaut, wie dt.* ´s´ *in* ´Sonne´.
š	*Dorso-palatoalveolarer,stimmloser Fortis-Reibelaut, fast wie dt.* ´sch´, *aber ohne Lippenrundung.*
ž	*Dorso-palatoalveolarer, stimmhafter Lenis-Reibelaut, fast wie dt.* ´g´ *in* ´Gelee´.
x	*Postvelar-postdorsaler, stimmloser Fortis-Reibelaut, fast wie dt.* ´ch´ *in* ´Buch´.

Laut-zeichen	Beschreibung
ġ	*Postvelar-postdorsaler, stimmhafter Lenis-Reibelaut, fast wie dt.* ´r´ *in* ´Malerei´.
h	*Glottaler, stimmloser Reibelaut, wie dt.* ´h´ *in* ´haben´.
m	*Bilabialer, stimmhafter Nasal, wie dt.* ´m´.
n	*Apiko-dentaler bis alveolarer, stimmhafter Nasal, wie dt.* ´n´ *in* ´nein´.
l	*Apikaler bis koronaler, dentaler, stimmhafter Seitenlaut, fast wie dt.* ´l´.
r	*Apikaler, dentaler bis alveolarer, stimmhafter Vibrant, fast wie dt. Zungenspitzen-*´r´*-Laut.*
j	*Prädorsal-palataler, stimmhafter Halbvokal, fast wie dt.* ´j´ *in* ´Jahr´.

b. Vokale

Laut-zeichen	Beschreibung
i	*Vorderer, hoher, ungerundeter Vokal*[1].
e	*Vorderer, mittlerer, ungerundeter Vokal*[2].
a	*Vorderer, fast tiefer, ungerundeter Vokal*[2].
u	*Hinterer, hoher, gerundeter Vokal*[1].
o	*Hinterer, mittlerer,gerundeter Vokal*[2].
ā	*Hinterer, tiefer, leicht gerundeter Vokal*[1].

---

1) Die Vokale /i,u,ā/ *sind normalerweise halblang. Sie kommen in betonten Stellungen lang vor.*

2) Die Vokale /e,a,o/ *treten im allgemeinen kurz auf. Sie werden in betonten Stellungen halblang, vor zweigliedrigen Konsonanten (im Auslaut) und vor dreigliedrigen Konsonanten (im Inlaut) halblang bis lang realisiert.*

3.3. Diakritische Hilfszeichen

a. Vokalzeichen ـَ ـُ ـِ

Die Vokalzeichen ـَ ـُ ـِ /a o e/ werden verwendet, um die richtige Aussprache eines Wortes, besonders bei Fremdwörtern, auszudrücken.

(1) ـَ فَتْحِه , زِبَرْ /fathé,zebár/ auf dem Konsonanten zeigt an, daß nach ihm der Vokal /a/ zu sprechen ist. Beispiele:

←

"Feder" /pár/ پَرْ ← ر + ـَ + پ

"Riß" /tarák/ تَرَكْ ← ك + ـَ + ر + ـَ + ت

(2) ـُ ضَمّه , پیش /zammé,píš/ auf dem Konsonanten zeigt an, daß nach ihm der Vokal /o/ zu sprechen ist. Beispiele:

←

"sauer" /tórš/ تُرْشْ ← ش + ر + ـُ + ت

"Worte" /soxán/ سُخَنْ ← ن + ـَ + خ + ـُ + س

(3) ـِ كَسْرِه زیر /kasré,zîr/ unter dem Konsonanten zeigt an, daß nach ihm der Vokal /e/ gesprochen wird. Beispiele:

←

"grob" /zébr/ زِبْرْ ← ر + ب + ـِ + ز

"Aussaat" /kéšt/ كِشْتْ ← ت + ش + ـِ + ك

Persische Texte sind im allgemeinen unvokalisiert.

b. ـْ سُكونْ , جَزْمْ /sokûn,ǰázm/ auf dem Konsonanten zeigt

an, daß nach ihm kein Vokal zu sprechen ist.
Beispiele:

"Wolke" /ábr/ اَبْرْ ← ا + ب + ر + اَ

"Angst" /társ/ تَرْسْ ← ت + ـَ + ر + س

Das Sokun-Zeichen wird im Persischen sehr selten verwendet.

c. ـ مَدْ /mád/ steht auf anlautendem Alif ا und bezeichnet den Vokal /ā/. Beispiele:

"Statistik" /āmā́r/ آمارْ ← آ + م + ا + ر

"besiedelt" /ābā́d/ آبادْ ← آ + ب + ا + د

Im Inlaut und Auslaut wird das Mad-Zeichen selten benutzt.

d. ـّ تَشْدیدْ /tašdîd/(Verdoppelungszeichen) wird im Persischen wie im Arabischen verwendet (vgl. S. 52). Im allgemeinen wird das Taschdid-Zeichen sehr selten bebenutzt. Beispiele:

"Tal" /darrê/ دَرّه ← د + ـَ + ر + ر + ه

"Herde" /gallê/ گَلّه ← گ + ـَ + ل + ل + ه

e. ء هَمْزه /hamzê/ wird nur im Inlaut und Auslaut des Wortes wie folgt verwendet:

(1) Im Wortinlaut steht das Hamza-Zeichen ء bei ی (ohne Punkte), um den Kehlkopfverschlußlaut /ʔ/ , [ʔ]

anzuzeigen. Beispiele:

esā[(?)]e /esā́e/ إساءه ← ه + ء + ا + س + إ
"Beleidigung"

/hej?ā́t/ هيئت ← ت + َ + ء + ى + ِ + ه
"Kollegium"

/mas?ū́l/ مسئول ← ل + و + ء + س + َ + م
"verantwortlich"

(2) Im Wortauslaut steht das Hamza-Zeichen ء auf dem Alif ا, wenn der vorausgehende Vokal /a/ ist. Beispiele:

"Ursprung" /mabdá?/ مبدأ ← ء + َ + د + ب + َ + م

/manšá?/ منشأ ← ء + َ + ش + ن + َ + م
"Ausgangspunkt"

Wenn der vorausgehende Vokal /ā/ ist, wird das Hamza-Zeichen normalerweise nicht geschrieben. Wenn es geschrieben wird, hat es keinen Träger. Beispiele:

/enšā́?/ انشا ، انشاء ← (ء) + ا + ش + ن + إ
"Aufsatz"

ابتدا ، ابتداء ← (ء) + ا + د + ِ + ت + ب + إ
"Anfang" /ebtedā́?/

Anmerkung: In Wortkombinationen mit dem Verbindungsmorphem /-e/ (wenn der vorausgehende Vokal ein /-e/ ist), wird das Schriftzeichen ه als Träger des phonetischen ء verwendet. Beispiele:

خانۀ او /xānée ú/ xāne[?]e'u "sein/ihr Haus":

/xāné/ "Haus" + /-e/ "(Verbindungsmorphem)" + /ú/

"er/sie"

گفتهٔ من /goftée mấn/ gofte [(?)] e 'man
"meine Worte": /gofté/ "Worte" + /-e/
"(Verbindungsmorphem)" + /mấn/ "ich"

f. اً تنوین /tanvîn/ "Tanwin,Nunation"
اً /-án/ wird als einziges Tanwin-Zeichen im Persischen verwendet (vgl. S. 57f). Das Tanwin-Zeichen kommt nur am Wortende vor. Alle Wörter, die das Tanwin-Zeichen اً haben, sind Adverbien. Beispiele:

عَمَلاً /amal-ấn/ "praktisch"

نِسْبَتاً /nesbat-ấn/ "relativ"

Selten wird das Tanwin-Zeichen اً /-án/ durch ن- wiedergegeben:

عَمَلاً → عَمَلَنْ

نِسْبَتاً → نِسْبَتَنْ

3.4. Orthographie der arabischen Lehnwörter im Persischen

Die arabischen Lehnwörter werden orthographisch dem Persischen angepaßt. Die dadurch entstehenden Unterschiede sind folgende:

a. ة, ة مَرْبوطِه /téje marbuté/ wird im Neupersischen

entweder ه /e/[1] oder ت /t/ geschrieben. Beispiele:

arab.Orth.	pers.Orth.
مَزْرَعَة /mazraʿa/ "Ackerbau"	مزرعه /mazraé/
قُدْرَة /qudra/ "Macht"	قدرت /g̊odrât/
عُقْدَة /ʿuqda/ "Komplex"	عقده /og̊dé/
رَاحَة /ra:ħa/ "Ruhe"	راحت /rāhât/

Einige arab. Lehnwörter, die ه besitzen, haben im Neupersischen zwei Schreibweisen mit unterschiedlichen Bedeutungen. Beispiele:

arab.Orth.	pers.Orth.
مُرَاجِعَة /mura:ǰiʿa/ "Rückkehr"	مراجعه /morāǰeé/ "Hinwendung" مراجعت /morāǰeát/ "Rückkehr"
مُصَاحَبَة /muṣa:ħaba/ "Begleitung"	مصاحبه /mosāhebé ~ mosāhabé/ "Interview" مصاحبت /mosāhebát ~ mosāhabát/ "Verkehr, Umgang"

b. اَلِفِ مَقْصُورِه ى /aléfe mag̊suré/ wird im Neupersischen normalerweise mit Alif ا geschrieben. Selten wird auch die arab. Schreibweise verwendet. Beispiele:

---

1) Vgl. S. 35, 85 und 88.

arab.Orth.	pers.Orth.
تَقْوىٰ /taqwa:/ "Gottesfurcht"	تقوا /taǧvā́/ "Heiligkeit"
حَتّىٰ /ħatta:/ "bis,bis zu"	حتا /hattā́/ "bis,bis daß"
أعْلىٰ /ʔaˤla:/ "höher"	اَعْلا /aʔlā́/ "höher,besser"

c. Arab. Wörter, die ein Alif-Maqsura und ein و ohne Lautwert haben, werden im Neupersischen mit Alif ا geschrieben. Beispiele:

arab.Orth.	pers.Orth.
صَلوٰة /sala:t/ "Gebet"	صلات /salā́t/
حَيوٰة /ħaja:t/ "Leben"	حيات /hajā́t/
زَكوٰة /zaka:t/ "Armensteuer"	زكات /zakā́t/

d. Ein /a:/, das in einigen arab. Wörtern auszusprechen ist (obwohl es orthographisch im Arabischen nicht wiedergegeben wird), wird im Neupersischen mit Alif ا geschrieben. Beispiele:

arab.Orth.	pers.Orth.
إبْرٰهيمْ /ʔibra:hi:m/ "Eigenname"	ابراهيم /ebrāhîm/
إسْحٰقْ /ʔisħa:q/ "Eigenname"	اسحاق /eshā́ǧ/

سَمٰوات /sama:wa:t/ Pl.von سماوات /samāvā́t/
سماء /sama:ʔ/"Himmel"

e. Die Hamza enthaltenden arab. Lehnwörter werden im Neupersischen folgendermaßen behandelt:

(1) Am Wortanfang wird Alif ا ohne Hamza-Zeichen verwendet. Beispiele:

arab.Orth.	pers.Orth.
أَمْن /ʔamn/ "Sicherheit"	امن /âmn/
أُمِّي /ʔummi:/ "Analphabet"	امی /ommî/
إِنْتِفاع /ʔintifa:ʕ/ "Benutzung"	انتفاع /entefā́ʔ/

(2) In der Wortmitte ist normalerweise ى Träger des Hamza (im Gegensatz zum Arabischen wird Hamza ohne Träger in der Wortmitte nicht verwendet). Beispiele:

arab.Orth.	pers.Orth.
مَسْأَلَة /masʔala/"Problem"	مسئله /masʔalê/
جُرْأَة /ǰurʔa/ "Kühnheit"	جرئت /ǰorʔât/
رَؤُوف /raʔu:f/ "gütig"	رئوف /raûf/ ra'[(ʔ)]uf
رُؤُوس /ruʔu:s/ "Köpfe"	رئوس /roûs/ ro'[(ʔ)]us
مَرْؤُوس /marʔu:s/ "Untergebener"	مرئوس /marʔûs/

مَسْؤُولْ /mas?u:l/	مسئول /mas?ûl/
"verantwortlich"	

Ausnahmen:

arab.Orth.	pers.Orth.
رَأْسْ /ra?s/ "Kopf"	راس /rá?s/
رَأْیْ /ra?j/ "Meinung"	رای /rá?j/
سُؤَالْ /su?a:l/ "Frage"	سوال /soā́l/ so'[(?)]āl
مُؤَدَّبْ /mu?addab/ "wohl-erzogen"	مودب /moaddâb/ mo[(?)]ad'dab
مُؤَرِّخْ /mu?arrix/ "Geschichtsschreiber"	مورخ /movarrêx/
مُؤَخَّرْ /mu?axxar/ "verzögert"	موخر /moaxxâr/ mo[(?)]ax'xar
.....	
.....	

3.5. Zusammenschreibung

Die Zusammenschreibung der Wörter bzw. Morpheme im Neupersischen basiert auf kalligraphischem Empfinden und dient der Erleichterung des Lesens und Schreibens. Durch Zusammenschreibung darf kein langes Wort entstehen. Im allgemeinen hat man die Neigung zur Getrenntschreibung (besonders bei zusammengesetzten Wörtern). Beispiele:

nicht üblich	üblich
کجخیال	کج خیال /kaǰ-xijā́l/ "mißtrauisch"
مردمدوست	مردم دوست /mardom-dū́st/ "Menschenfreund"
شوخچشمی	شوخ چشمی /šux-čašmī́/ "Frechheit"

Präfixe und Suffixe, die aus einem Schriftzeichen bestehen, werden mit dem folgenden oder vorausgehenden Wort zusammengeschrieben. Beispiele:

Verbstamm /zan-/ -زن + Imp. Präf. /bê-/ -ب ←
"schlag !" /bê-zan/ بزن ← "schlagen"

Pers.suf./-am/ م- + "gehen" Verbstamm /raft-/ -رفت
"(ich) ging" /ráft-am/ رفتم ← Pers.suf. 1. Sing.

Ausnahmen:

[?] wird nach ه /e/ in Verbindung mit einem Vokal mit Alif ا und getrennt geschrieben. Beispiele:

/xāné-i/ خانه‌ای ← "ein(e)" /-i/ ای + "Haus" /xāné/ خانه ←
"ein Haus"

"bin" /-am/ م- + "gegangen" Part. /rafté/ رفته ←
"(ich) bin gegangen" /rafté-am/ رفته‌ام ←

/-and/ ند- + "gesagt" Part. /gofté/ گفته
"(sie) haben /gofté-and/ گفته‌اند ← "(sie) sind"
gesagt"

Solche Ausnahmen können häufig auftreten.

Die Pluralsuffixe werden mit dem Substantiv zusammengeschrieben. Beispiele:

← Pl.suf. /-ā́n/ ان- + "Baum" /deráxt/ درخت

"Bäume" /deraxt-ā́n/ درختان

← Pl.suf. /-hā́/ ها- + "Frau" /zán/ زن

"Frauen" /zan-hā́/ زنها

Einige Präfixe werden entweder mit dem Wort zusammen oder getrennt geschrieben. Beispiele:

← Verbstamm /rav-/ رو- + Ind.präf.des Präs. /mî-/ می-

← Pers.suf.1.Sing. /-am/ م- + "gehen"

"(ich) gehe" /mî-rav-am/ می روم oder میروم

← "Arbeit" /kā́r/ کار + "ohne" /bi-/ بی-

"arbeitlos" /bi-kā́r/ بی کار oder بیکار

3.6. Lautzeichen und Schriftzeichen im einzelnen

3.6.1. Vom Lautzeichen zum Schriftzeichen

3.6.1.1. Konsonanten

	Lautzeichen	Schriftzeichen
a. Verschlußlaute		
(1) Stimmlos:		
	p	پ
	t	ت , ط

k	ك
ʔ, [ʔ]	ا، ع، ء

(2) Stimmhaft:

b	ب
d	د
g	گ

b. Affrikaten

(1) Stimmlos:

č	چ

(2) Stimmhaft:

ǰ	ج

c. Reibelaute

(1) Stimmlos:

f	ف
s	ص، ث، س
š	ش
x	خ
h	ح، ه

(2) Stimmhaft:

v	و

z ض,ظ,ذ,ز

ž ژ

ġ ق,غ

d. Nasale:

m م

n ن

e. Seitenlaut:

l ل

f. Vibrant:

r ر

h. Halbvokal:

j ی

3.6.1.2. Vokale

	Lautzeichen	Schriftzeichen
a. Vordere Vokale:	i	ای, عی (Anlaut), ی, عی[1] (Inlaut), ی (sonst)
	e	ا, ع (Anlaut); Ø, ع (Inlaut)[1]; ه (Auslaut)

---

1) Das Schriftzeichen ع kommt nur in arab. Lehnwörtern vor.

	a	ا, ع (Anlaut); Ø, ع(Inlaut)[1]; Ø, ه (Auslaut)[2]
b. Hintere Vokale:		
	u	او, عو(Anlaut); عو, و (sonst)[1]
	o	ا, ع (Anlaut);Ø, ع, و (sonst)[1]
	ā	آ, عا (Anlaut) ; ا, عا (Inlaut)[1]; ا (Auslaut)

3.6.2. Vom Schriftzeichen zum Lautzeichen

Schriftzeichen	Lautzeichen
آ	ā
ا	?,e,a,o,ā, [?][3]
ء	?,[?]
ب	b
پ	p
ت	t

---

1) Die Schriftzeichen ع , عا = ا + ع und عو = و + ع kommen nur in arab. Lehnwörtern vor.

2) /a/ tritt nur im Auslaut zweier Wörter auf: نه */nâ/ "nicht" und* و */va/ "und".*

3) Die Vokale /e,o,a/ werden in Verbindung mit [?] im Anlaut mit dem Schriftzeichen ا *geschrieben.*

ث	s
ج	ǰ
چ	č
ح	h
خ	x
د	d
ذ	z
ر	r
ز	z
ژ	ž
س	s
ش	š
ص	s
ض	z
ط	t
ظ	z
ع	?,e,a,o,[?] [1)]
غ	ġ
ف	f

1) *In arab. Lehnwörtern.*

ق	ġ
ك	k
گ	g
ل	l
م	m
ن	n
و	v,u,o
ه	h,e,a,
ی	j,i

4. Zahlzeichen

Die arab.-pers. Ziffern haben in Druckschrift die folgenden Formen:

٠	١	٢	٣	۴	۵	۶	٧	٨	٩
0	1	2	3	4	5	6	7	8	9

Die Zehner, Hunderter usw. werden links von den Einern usw. geschrieben. Beispiele:

١۴	14
١٢۶	126
٣۴٨٧۵	34875

5. Stilarten der arab.- pers. Schrift

Die arab.- pers. Schrift wurde mit der Verbreitung des Islams in vielen verschiedenen Ländern verwendet. Dadurch hat sich die arab.- pers. Schrift in den islamischen Ländern auf verschiedenste Weise zum Teil unter dem Einfluß der alteinheimischen Schrift verändert.

Aus der Schrift der ältesten Denkmäler haben sich zwei Varianten, die Kūfī-(arab. /ku:fi:/, pers. /kufî/) und Nasxī-Schrift (arab. /nasx/ , pers. /násx/), entwickelt. Die Kūfī-Schrift wurde zuerst auf Steinen und Münzen verwendet. Sie hat steife, eckig-geometrische Züge. Die älteste Inschrift aus islamischer Zeit befindet sich in der großen Moschee in Jerusalem (vgl. S. 1). Die Kūfī-Schrift läßt sich in drei Haupttypen unterteilen.

a. Die einfache Kūfī-Schrift (bis zum 8. Jh.n.Chr.)
b. Die Kūfī-Schrift aus der Zeit der Fatimidendynastie in Ägypten (961-1155 n.Chr.).
c. Die Kūfī-Schrift in Syrien und Mesopotamien und weiter östlich. In Mesopotamien und Iran hat die Kūfī-Schrift am längsten ihr Dasein gefristet.

Die Nasxī-Schrift hat im Gegensatz zur Kūfī-Schrift stark gerundete Schriftzeichen. Die aus Ägypten stammenden Inschriften vom 7. Jh.n.Chr. zeigen, daß die Nasxī-Schrift -trotz ihrer gerundeten Formen- nicht jünger als die Kūfī-Schrift ist. Die Nasxī-Schrift, die als eine Kursivschrift betrachtet wird, wurde im Laufe der Zeit immer kursiver. Heute wird sie mit ihren Varianten in den arabischen Ländern in Druck und Schrift verwendet(vgl. S. 106ff).

Die maghrebinische Schrift hat sich auf der Basis der Kūfī-Schrift und unter dem Einfluß der Nasxī-Schrift in Nordafrika entwickelt. Sie wird heute in ganz Nordwest-Afrika und einzelnen Teilen von Zentral- und West-Afrika benutzt. Im Mittelalter bis zum Beginn der Neuzeit wurde die maghrebinische Schrift in Spanien unter der Bezeichnung "andalusische" oder "cordovanische" Schrift verwendet. Die maghrebinische Schrift wird nach folgenden Arten unterschieden:

> Tunesische Art, algerische Art, die Fäser (Fezer) Art, die sich durch ihre runden Formen von den vorigen scharf unterscheidet und in Marokko verwendet wird, und die sudanische Art, die meist dick und ungelenk, eher eckig als rund ist.

In Ägypten und Syrien wurden in der Mamlūkenzeit(1242-1512) folgende Arten der arab.- pers. Schrift verwendet:

a. Die Ṭūmār-Schrift (arab./ŧu:ma:r/, pers./tumā́r/) in mehreren Varianten. Diese wurden für Staatsschreiben der Herrscher benutzt.
b. Muḫtaṣar al-Ṭūmār (arab. /muxtaȿar aŧ-ŧu:ma:r/) in zwei Arten.

c. Die Ṯuluṯ-Schrift (arab. /θuluθ/, pers. /sol(ô)s/) in zwei Arten: Ṯaqīl (arab./θaqi:l/, pers. /saġîl/) und Ḫafīf (arab. /xafi:f/, pers. /xafîf/).

d. Die Tawqīʕ-Schrift (arab. /tawqi:ʕ/, pers./tovġîʔ/).

e. Die Riqāʕ-Schrift (arab. /riqa:ʕ/, pers. /reġā́ʔ/).

f. Die Ġubār-Schrift (arab. /ġuba:r/, pers. /ġobā́r/).

Nach dem Sturz der Mamlūkenherrschaft sind folgende Schriftarten in der Türkei[1] und den arabischen Ländern verwendet worden:

a. Die Dīwānī-Schrift (arab. /di:wa:ni:/, pers. /divānî/), ein direkter Nachkomme der alten Tawqīʕ-Schrift; sie wurde für Verträge und in der kaiserlichen Kanzlei verwendet.

b. Die Ṯuluṯ-Schrift (arab. /θuluθ/, pers. /sol(ô)s/ tür. /sylys/), die als Zierschrift verwendet wurde.

c. Die Taʕlīq-Schrift (arab. /taʕli:q/, pers. /taʔlîġ/).

d. Die Nasxī-Schrift (arab. /nasx/, pers. /násx/), die für poetische, wissenschaftliche, religiöse und weitere Zwecke in Druck und Schrift benutzt wird.

e. Die Riqʕa-Schrift (arab. /riqʕa, ruqʕa/, pers. /roqʔé/) wurde als Kanzleischrift verwendet.

f. Die ʔIǰāzat-Schrift (arab. /ʔiǰa:zat/, pers. /eǰāzé/).

g. Die J̌erī-Schrift.

---

1) Bis 1928

Im Iran hat man seit dem 8. Jh.n.Chr. die arab.-pers. Schrift verwendet. Im 12. Jh.n.Chr. entwickelten die Iraner ausgehend von der Nasxī-Schrift unter dem Einfluß der Pahlavi-Schrift (vorislamische Schrift in Iran) die Taˁlīq-Schrift. Vom 13. Jh.n.Chr. an wurde die neue Schrift in den Werken poetischen Inhalts verwendet, während wissenschaftliche und religiöse Werke immer noch in der Nasxī-Schrift notiert wurden. Später entwickelten die Iraner ausgehend von der Taˁlīq-Schrift unter dem Einfluß der Nasxī-Schrift die Nastaˁlīq-Schrift (arab. /nastaˁli:q/, pers. /nastaʔlîǧ/). Aus der Nastaˁlīq-Schrift ging die Šekaste-Schrift (pers. /šekastê/ "gebrochen") hervor. Sie ist durch Weglassung der diakritischen Punkte und aufgrund der vielen Ligaturen sehr schwer zu lesen. Heute versucht man im Iran, in einer Variante der Nastaˁlīq-Schrift, der Nastaˁlīqe-Taḥrīrī (pers. /nastaʔlîǧe tahrirî/) zu schreiben. Vom Iran hat sich die arab.-pers. Schrift nach Osten (Afghanistan, Tadschikistan usw.) und Südosten (Indien und Indonesien) ausgebreitet.

Außer den oben genannten Schriftarten sind selten weitere Schriftarten wie Muḥaqqaq- und Rajḥānī-Schrift usw. verwendet worden.

In den folgenden Abb. wird die Entwicklung der arab.-pers. Schrift vorgeführt:

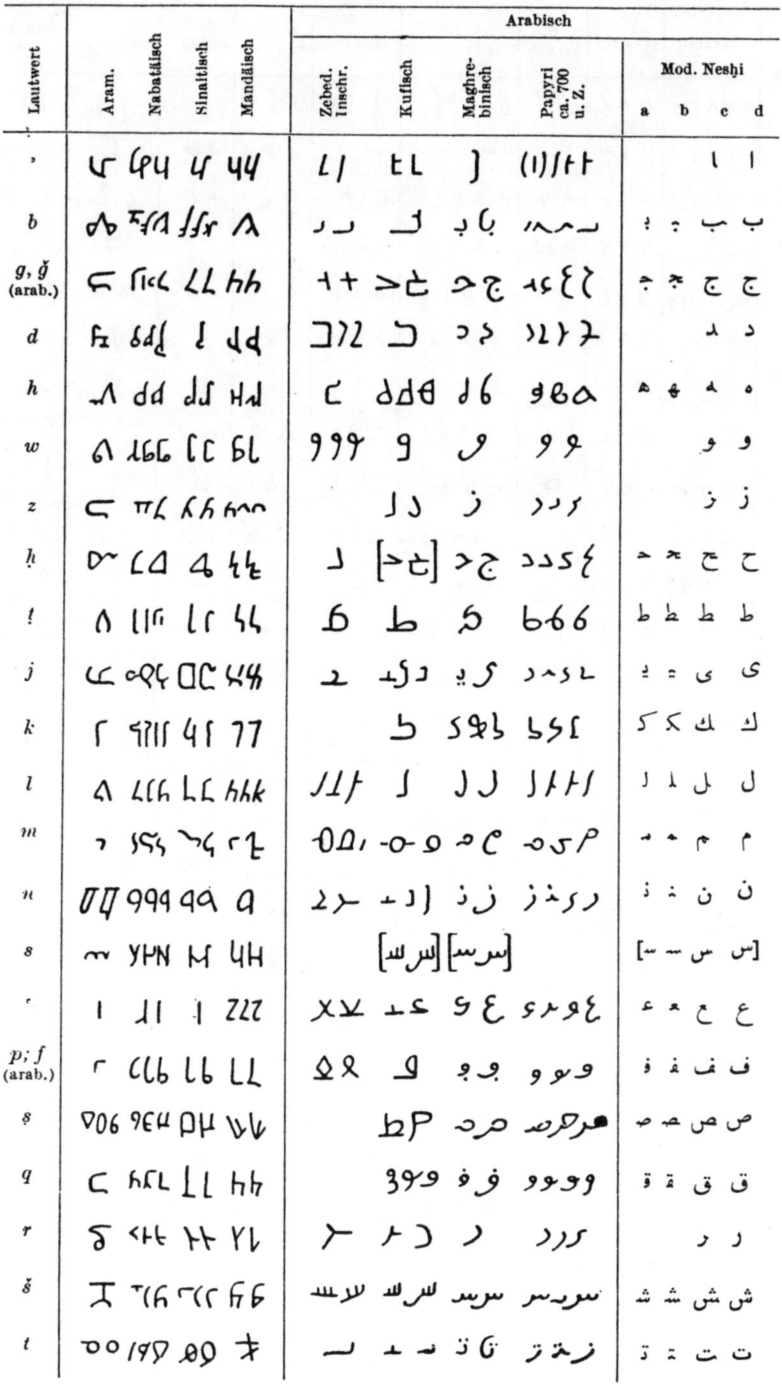

(Jensen 1969:313)

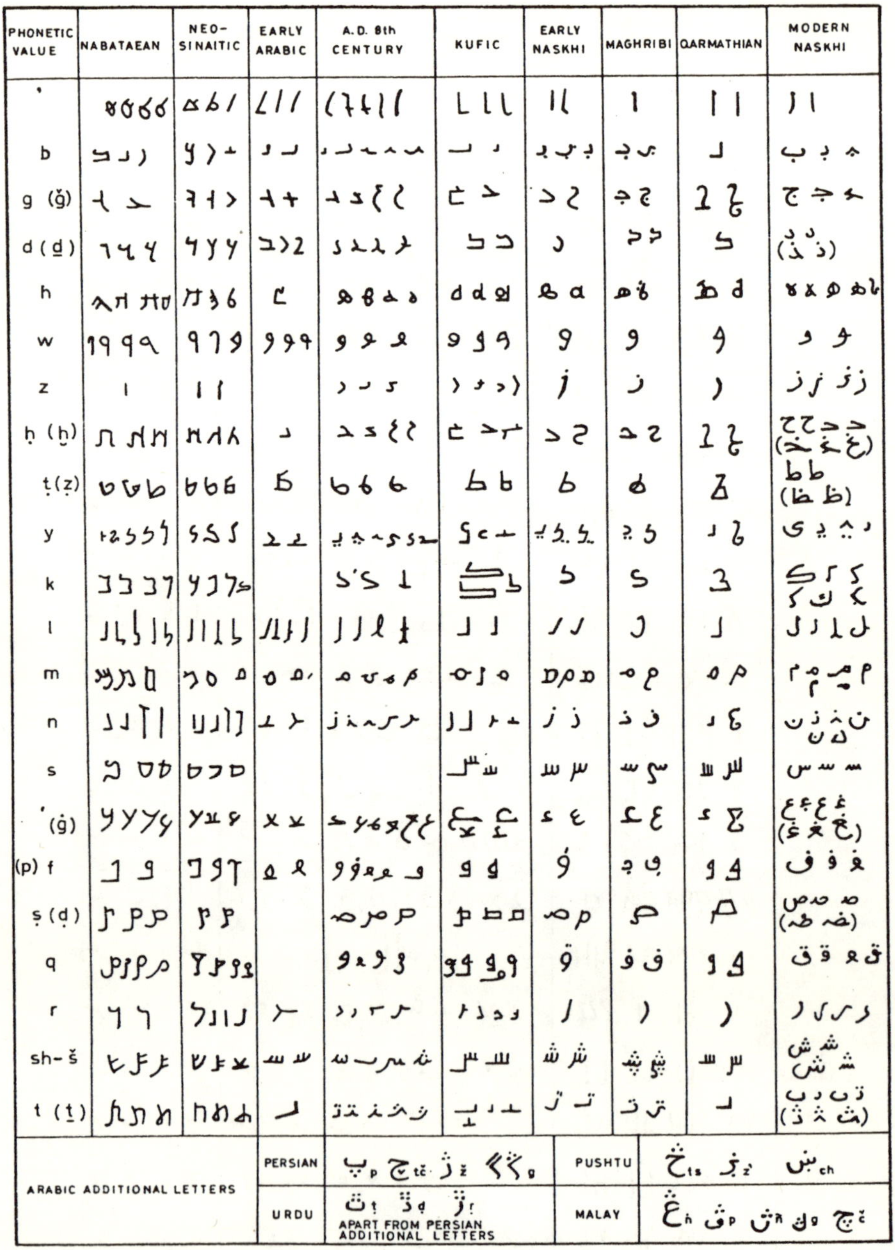

(Diringer, Band 2, 1968:205)

5.1. Schriftbeispiele

5.1.1. Die Kūfī-Schrift

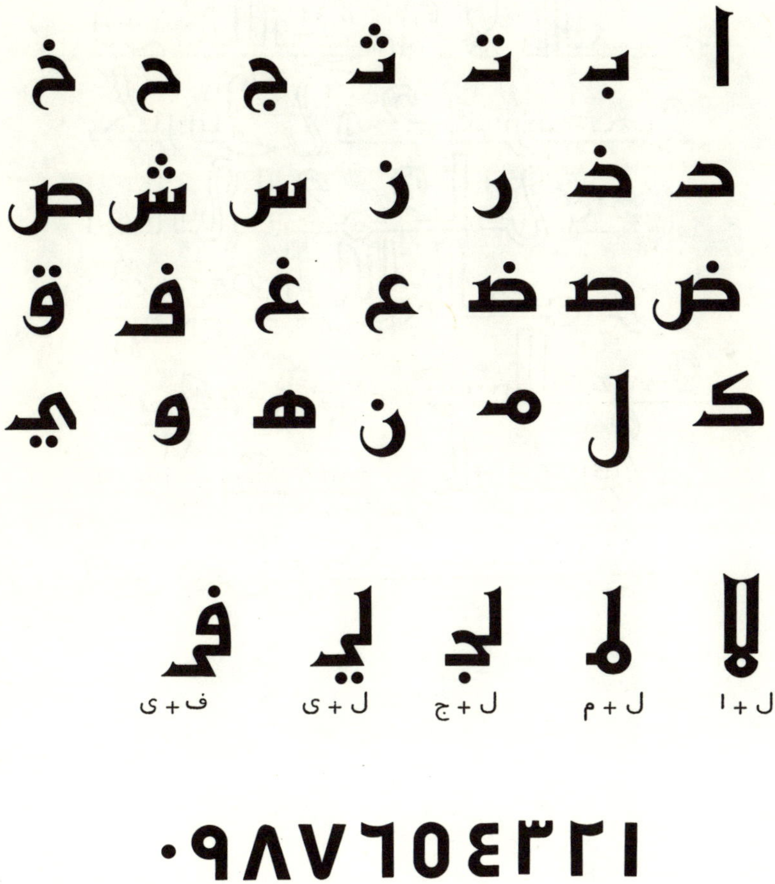

Abb.1: Das arab.-pers. Alphabet und Zahl-
Zeichen in Kūfī-Schrift.

Abb.2: Arabische Grabinschrift in Kūfī-
Schrift (1068).

5.1.2. Die Nasxī-Schrift

ا ب پ ت ث ج چ ح خ

د ذ ر ز ژ س ش ص

ض ط ظ ع غ ف ق ك

گ ل م ن ة و ي

لا لا نج لح مح لم لم في

ل+ا ل+ا ن+ج ل+ح م+ح ل+م ل+م ف+ى

٠٩٨٧٦٥٤٣٢١

Abb. 3: Das arab.-pers. Alphabet und Zahlzeichen im Nasxī-Schrift.

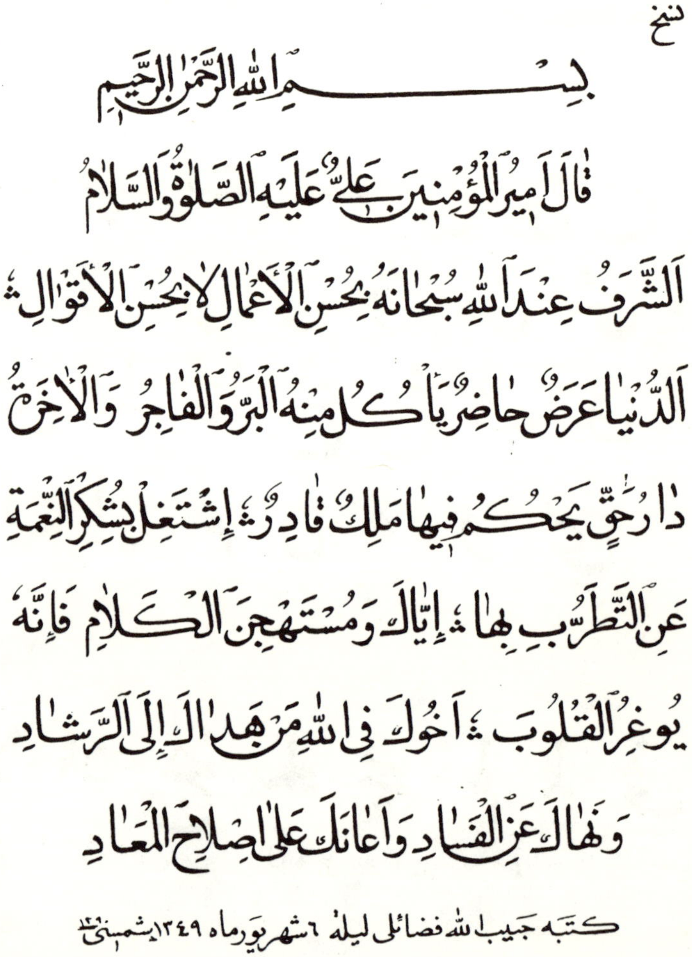

Abb. 4: Nasxī-Schrift im Arabischen (Iran, 1971)

5.1.3. Die maghrebinische Schrift

Name	Isoliert	Ende	Mitte	Anfang	Umschrift und Lautwert
Alif	ا	ـا			—, ʾ [Spiritus lenis, Stimmansatz]
Bā	ب ب	ـب ـب	ـبـ	بـ	*b*
Ta	ت ت	ـت ـت	ـتـ	تـ	*t* [bisweilen *tß*]
Tsā	ث ث	ـث ـث	ـثـ	ثـ	*ṯ* [engl. *th* (hart), auch *t* und *tß*]
Dschim	ج	ـج	ـجـ	جـ	*ǵ* [*dsch*, vielfach franz. *j*, vereinzelt *g*]
Ha	ح	ـح	ـحـ	حـ	*ḥ* [stark gehaucht]
Cha	خ	ـخ	ـخـ	خـ	*ḫ* [*ch* wie in »ach«]
Dāl	د د	ـد ـد			*d*
Dsāl	ذ ذ	ـذ ـذ			*ḏ* [engl. *th* (weich)]
Rā	ر	ـر ـر			*r* [Zungen-*r*]
Sā	ز	ـز ـز			*z* [*s* wie in »sagen«]
Ssīn	سرس	سرس	ـسـ	سـ	*s* [*ß* wie in »grüßen«]
Schīn	شرش	شرش	ـشـ	شـ	*š* [*sch*]
Ssād	صرص	صرص	ـصـ	صـ	*ṣ* [emphatisches scharfes *s*]
Dhād	ضرض	ضرض	ـضـ	ضـ	*ḍ* [emphat. weiches engl. *th* oder emphatisches *d*]
Thā	ط	ـط	ـطـ	طـ	*ṭ*
Dsā	ظ	ـظ	ـظـ	ظـ	*ẓ* [wie ض]
Ain	ع	ـع	ـعـ	عـ	ʿ

Abb. 5: Das arab.-pers. Alphabet in maghrebinischer Schrift.

Ghain	غ	ـغ	غـ	ـغـ	ġ [Zäpfchen-r]
Fā	ڢ	ـڢ	ڢـ	ـڢـ	f
Qāf	ڧ ف	ـڧ ـف	ڧـ	ـڧـ	q [in der Kehle gesprochenes k]
Kaf	ك	ـك	كـ	ـكـ	k
Lām	ل ل	ـل ـل	لـ	ـلـ	l
Mīm	م	ـم	مـ	ـمـ	m
Nūn	ن ن	ـن ـن	نـ	ـنـ	n
Ha	ه ة	ـه ـة	هـ	ـهـ	h
Wāw	و و	ـو ـو			w [engl.]
Jā	ى ى	ـى ـي	يـ	ـيـ	j

Abb. 6: Das arab.-pers. Alphabet in maghrebinischer Schrift (Fortsetzung).

5.1.4. Die Ṯuluṯ-Schrift

Die Ṯuluṯ-Schrift wird im Persischen /sôls, solôs/ und im Türkischen /sylys/ genannt.

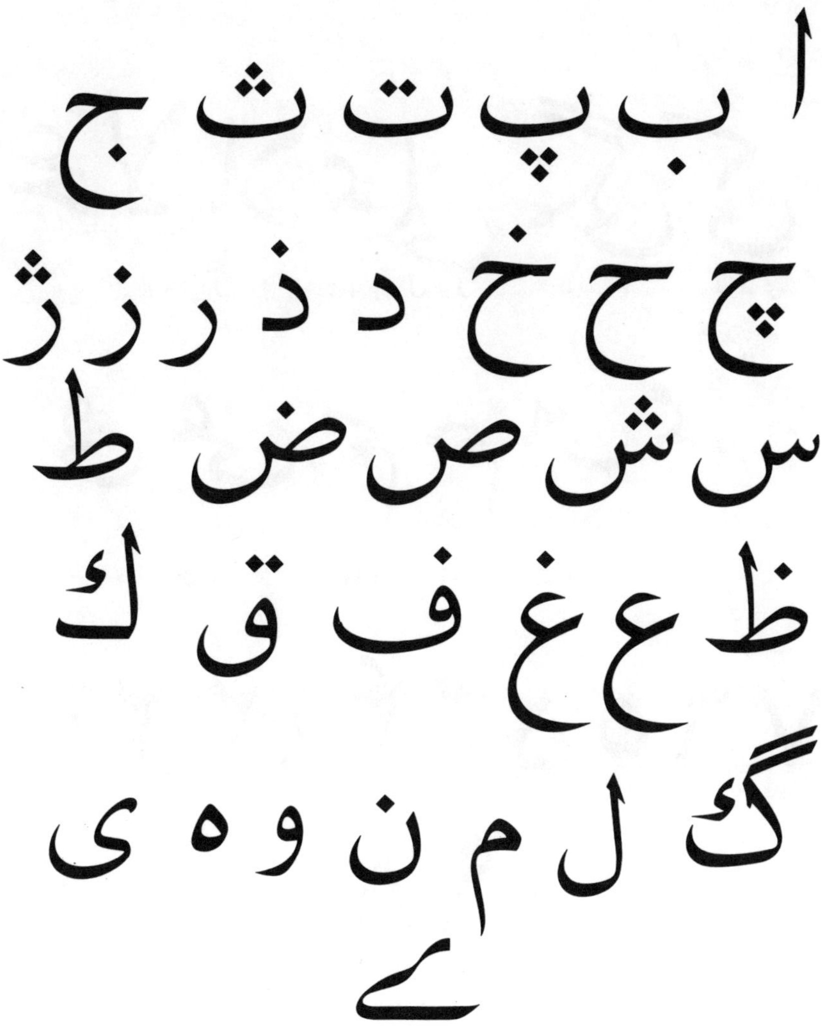

Abb. 7: Das arab.-pers. Alphabet in Ṯuluṯ-Schrift.

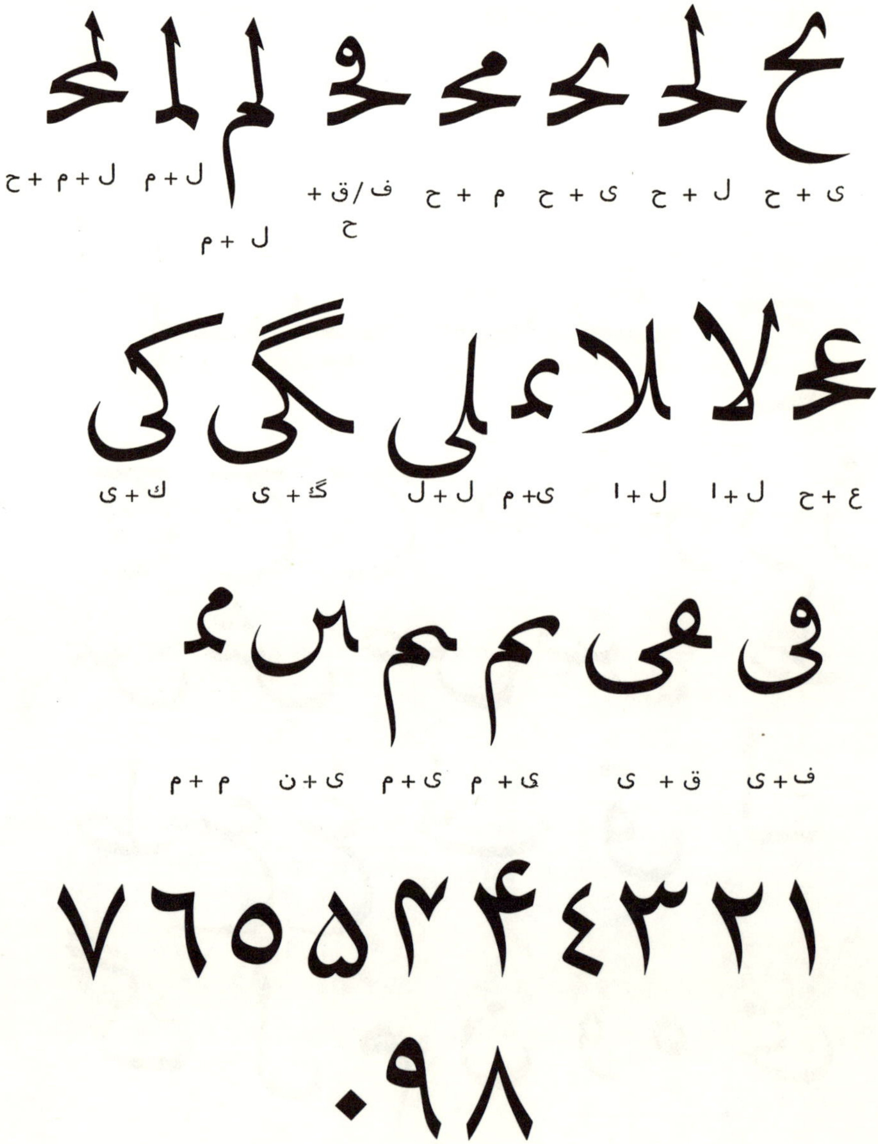

Abb. 8: Ligaturen und Zahlzeichen in Ṯuluṯ-Schrift.

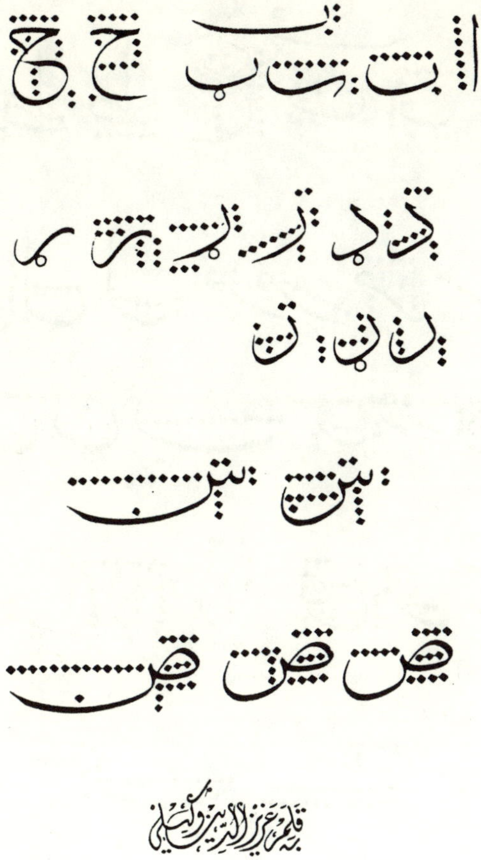

Abb.9: Das arab.-pers. Alphabet in Ṯuluṯ-Schrift (die Punkte dienen als Maßstab).

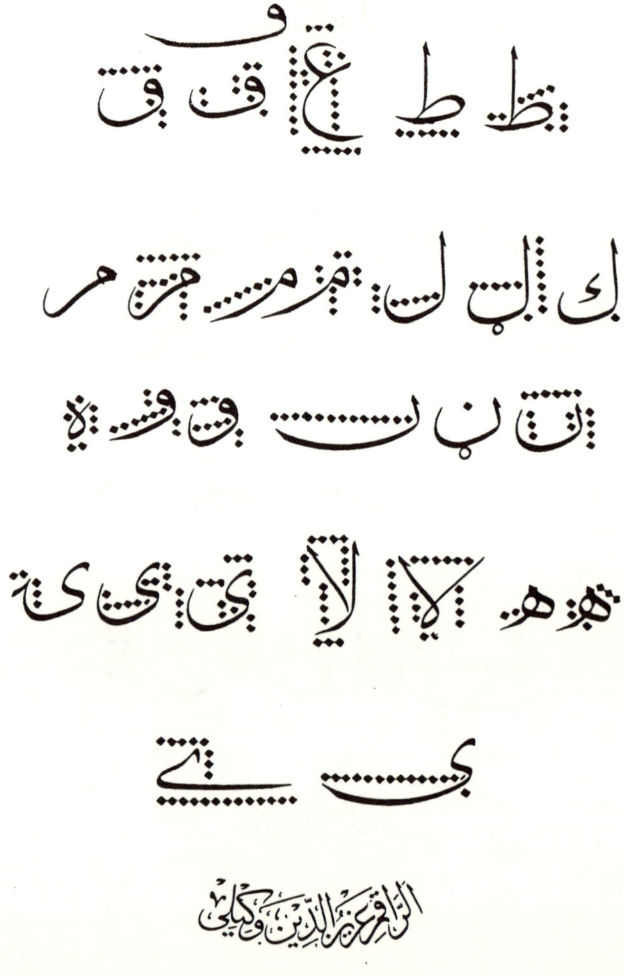

Abb. 10: Das arab.-pers. Alphabet in Ṯuluṯ-Schrift (Fortsetzung)
(die Punkte dienen als Maßstab)

5.1.5. Die Dīwānī-Schrift

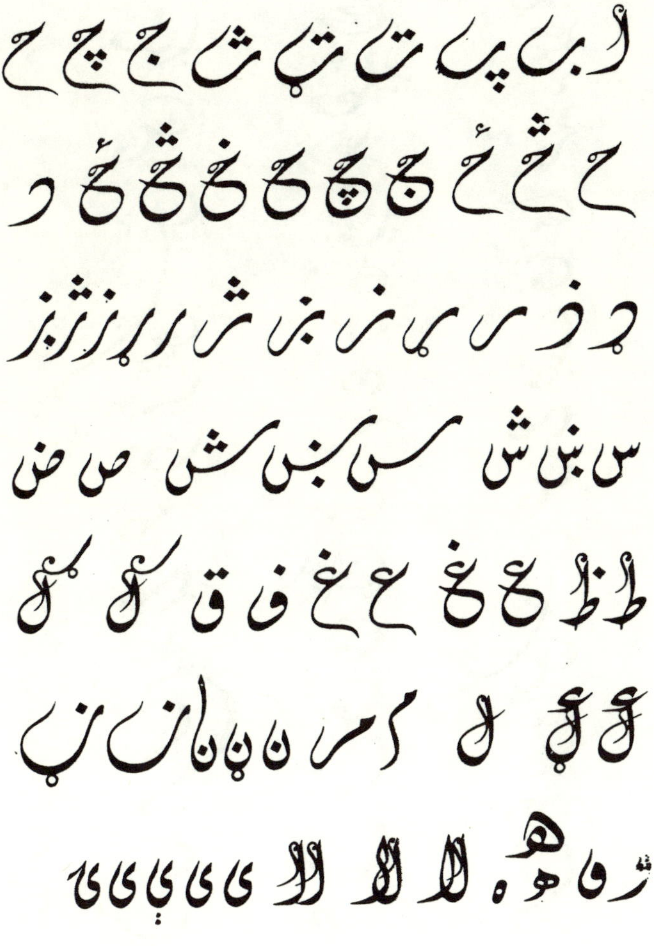

Abb.11: Das arab.pers. Alphabet in Dīwānī-Schrift (Afghanistan, 1977).

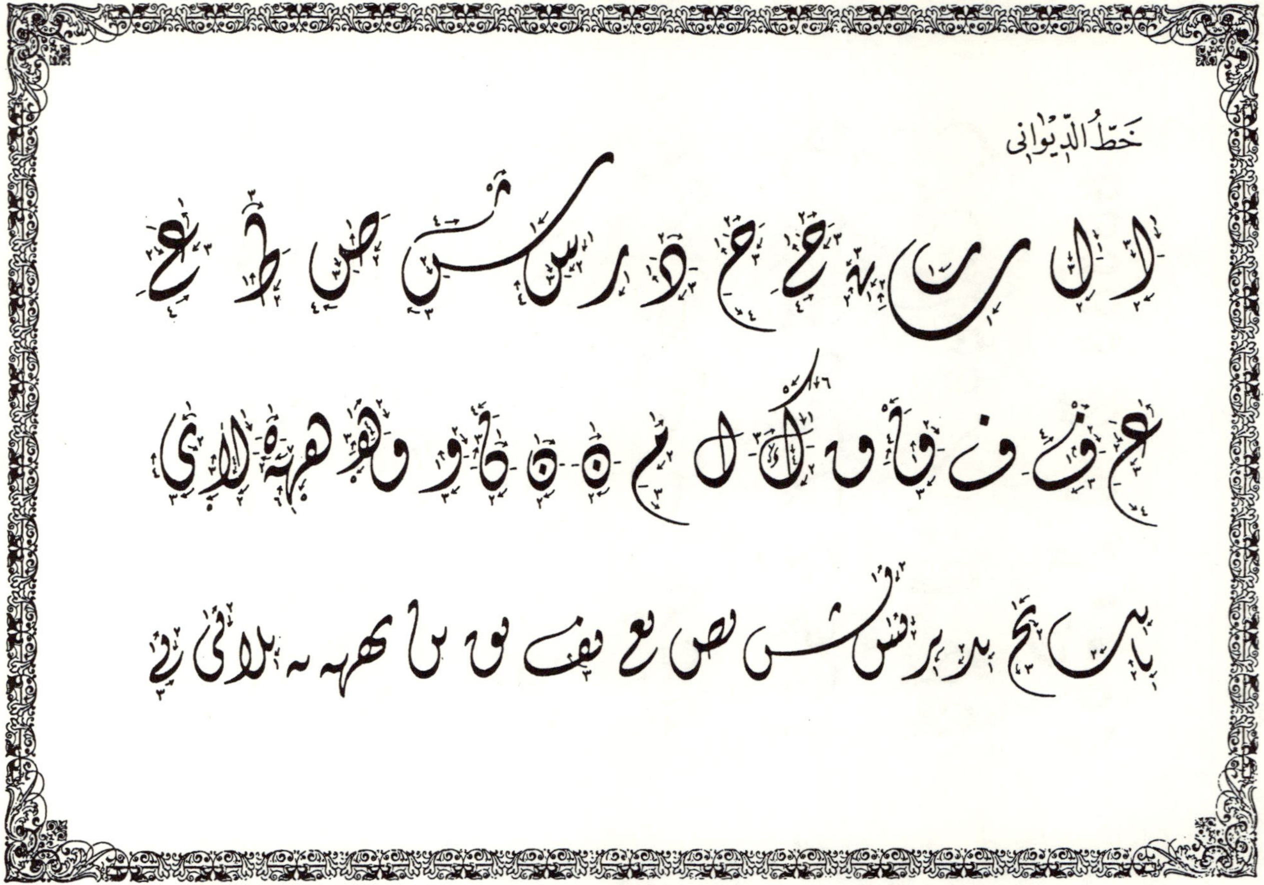

Abb. 12: Das arab.-pers. Alphabet in Dīwānī-Schrift.

5.1.6. Die Muḥaqqaq-Schrift

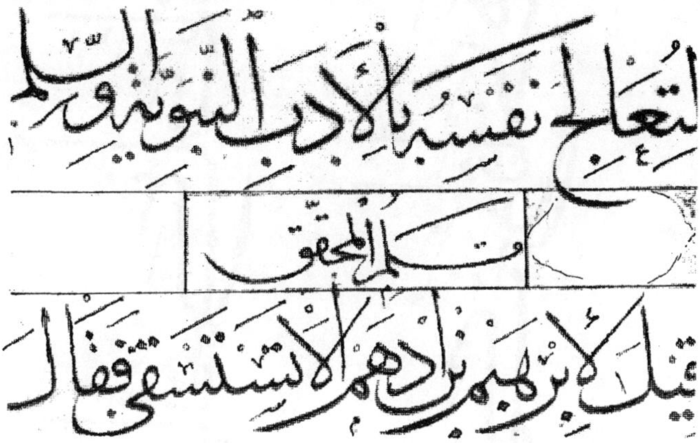

Abb. 13: Muḥaqqaq-Schrift im Arabischen.

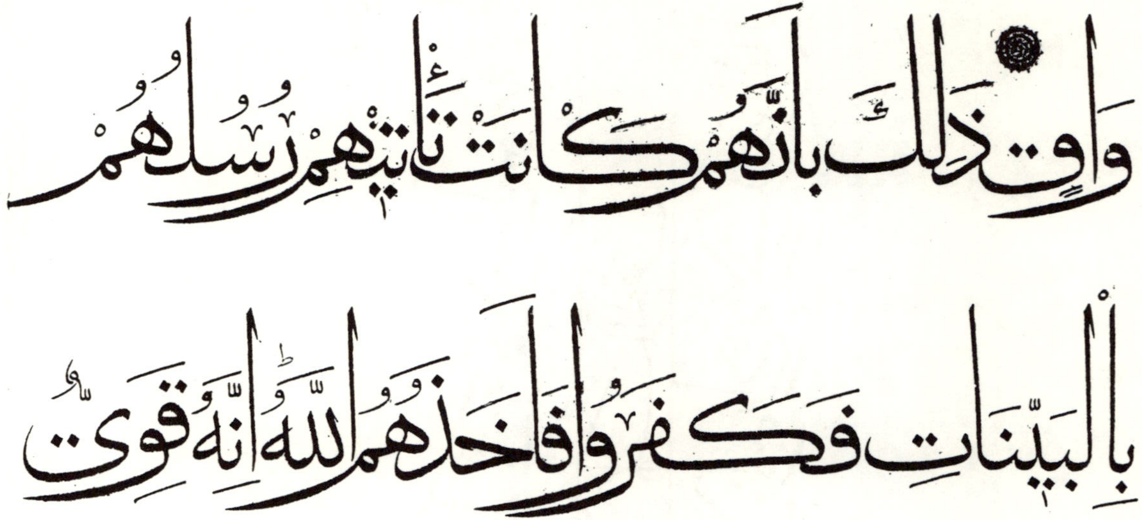

Abb. 14: Muḥaqqaq-Schrift im Arabischen (Iran, 1420-1433).

5.1.7. Die Rajḫānī-Schrift

Abb.15: Basmala in Rajḫānī-Schrift (Afghanistan, 1977).

Abb. 16: Rajḥānī- und Nasxī-Schrift (Irak, um 1300)

5.1.8. Die Riqʿa-Schrift

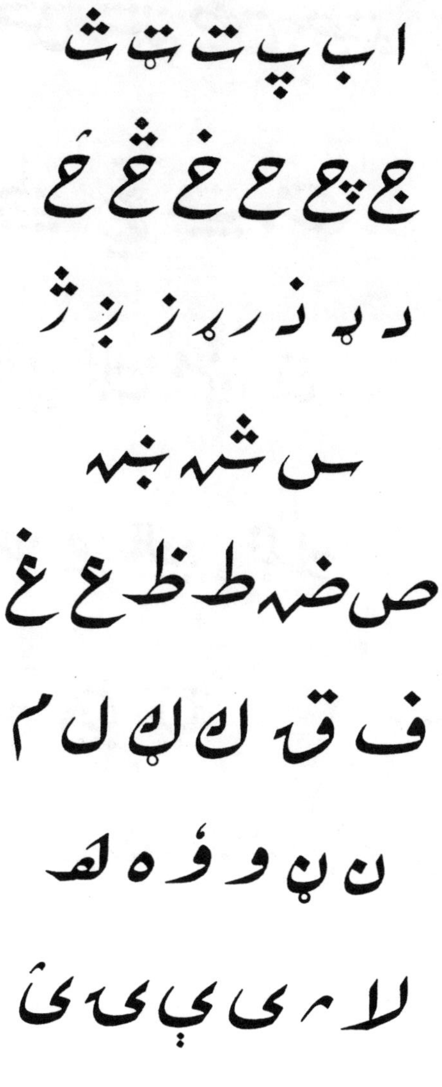

Abb. 17: Das arab.-pers. Alphabet in Riqʿa-Schrift für das Paschtu (Afghanistan, 1977).

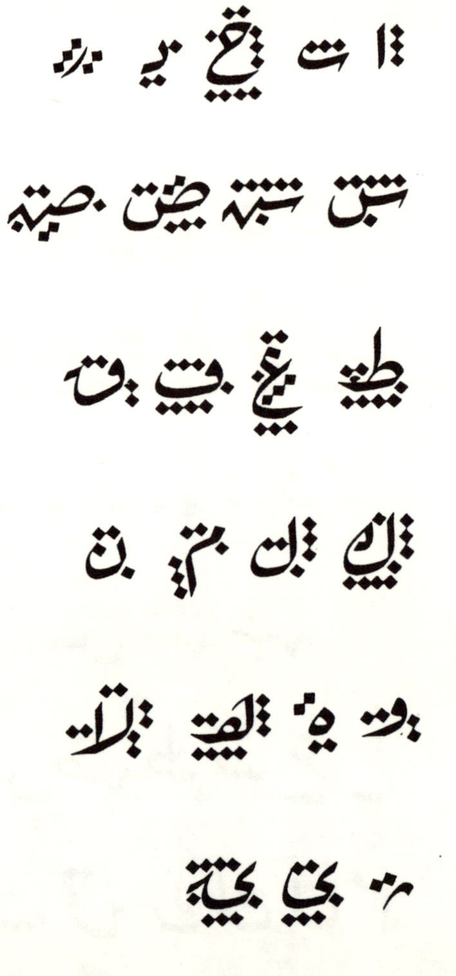

Abb. 18: Das arab.-pers. Alphabet in Riqʿa-Schrift (die Punkte dienen als Maßstab).

5.1.9. Die ʔIjāzat-Schrift

Abb. 19: ʔIjāzat-Schrift im Paschtu (Afghanistan, 1977).

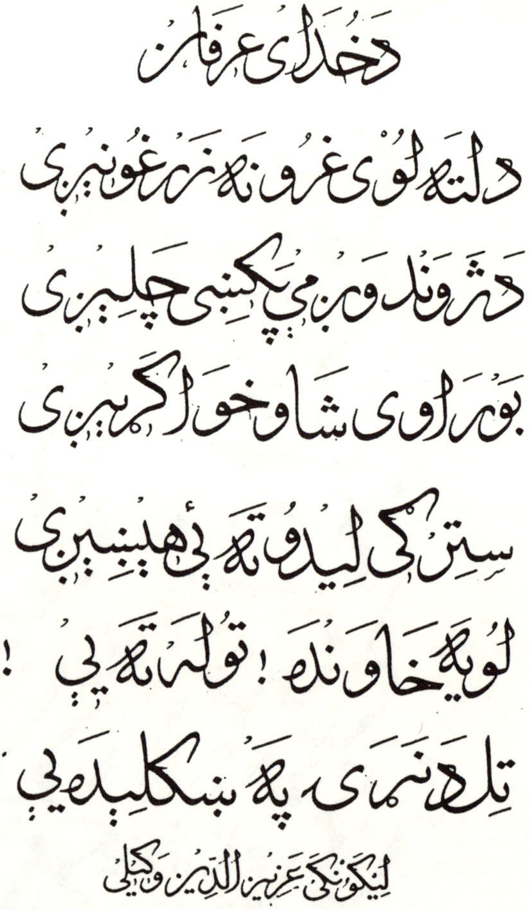

Abb. 20: ʾIǰāzat-Schrift im Paschtu (Afghanistan, 1977).

5.1.10. Die Ǧerī-Schrift

Abb. 21 und 22: Ǧerī-Schrift.

5.1.11. Die Taˁlīq-Schrift

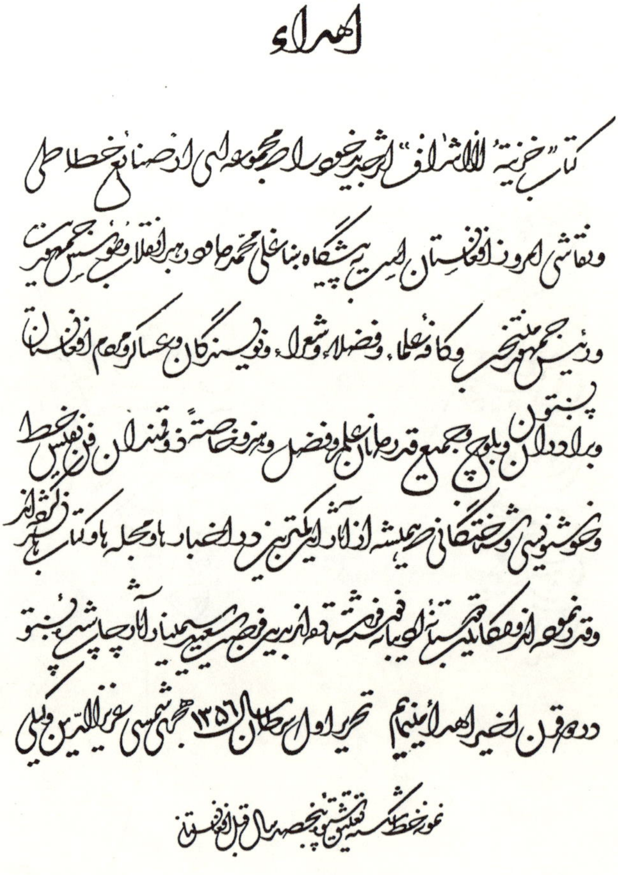

Abb. 23: Taˁlīq-Schrift im Persischen
(Afghanistan, 1977)

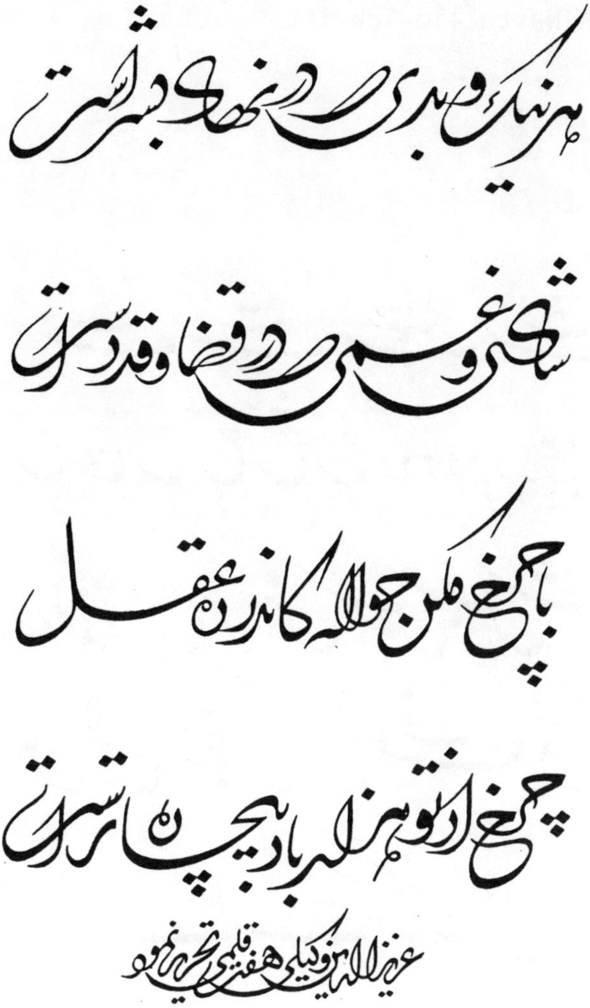

Abb. 24: Taʿlīq-Schrift im Persischen (Afghanistan, 1977).

5.1.12. Die Nastaʿlīq-Schrift

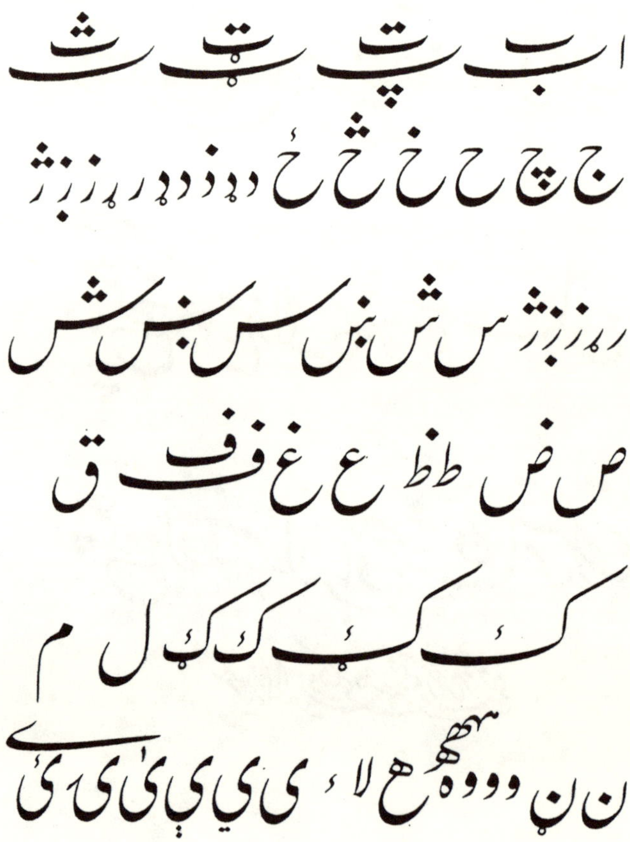

Abb.25: Das arab.-pers. Alphabet in Nastaʿlīq-Schrift für das Paschtu (Afghanistan, 1977).

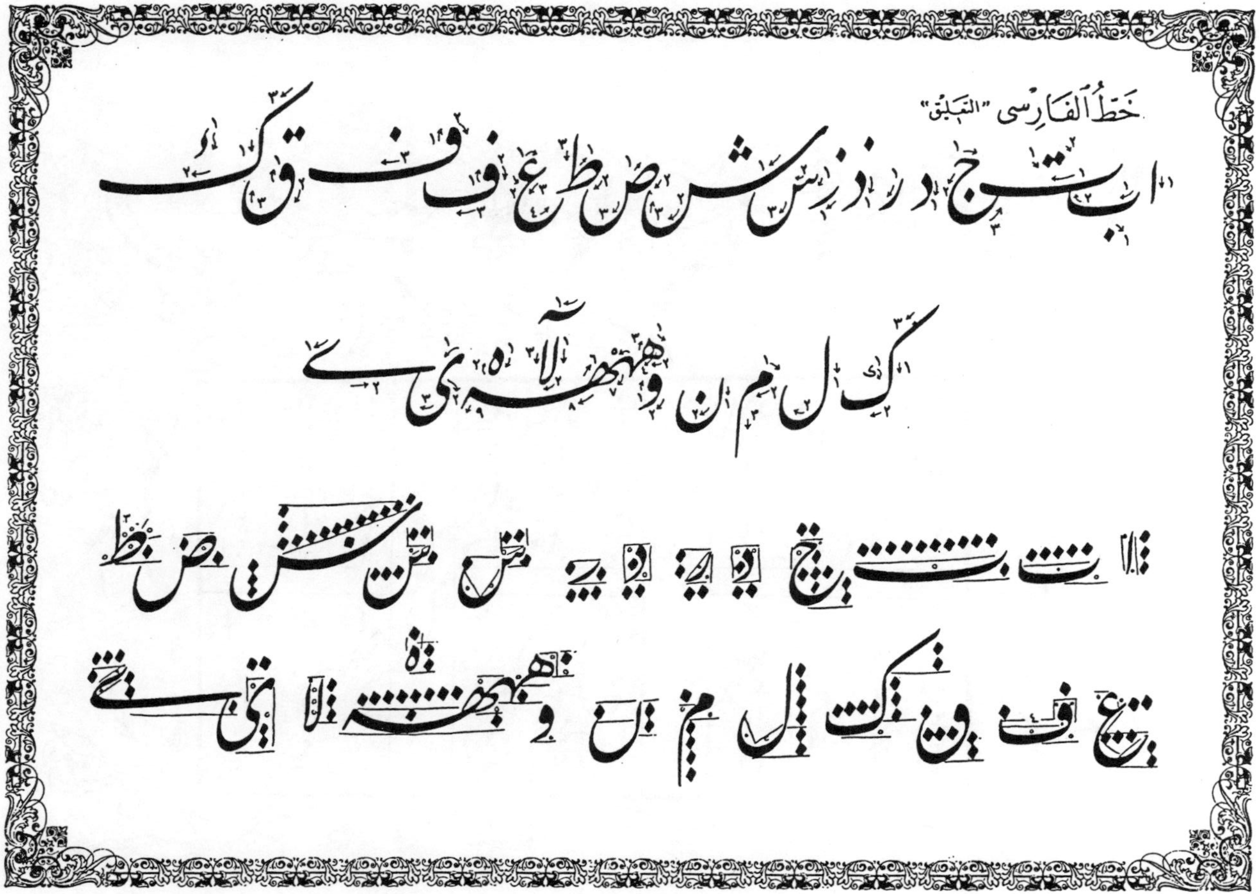

Abb.26: Das arab.-pers. Alphabet in Nastaʿlīq-Schrift (die Punkte dienen als Maßstab).

Abb. 27: Ein Gedicht über die Entwicklung der Nastaʿlīq-Schrift; danach ist Mir Ali Tabrizi der Erfinder der Nastaʿlīq-Schrift.

5.1.13. Die Šekaste-Schrift

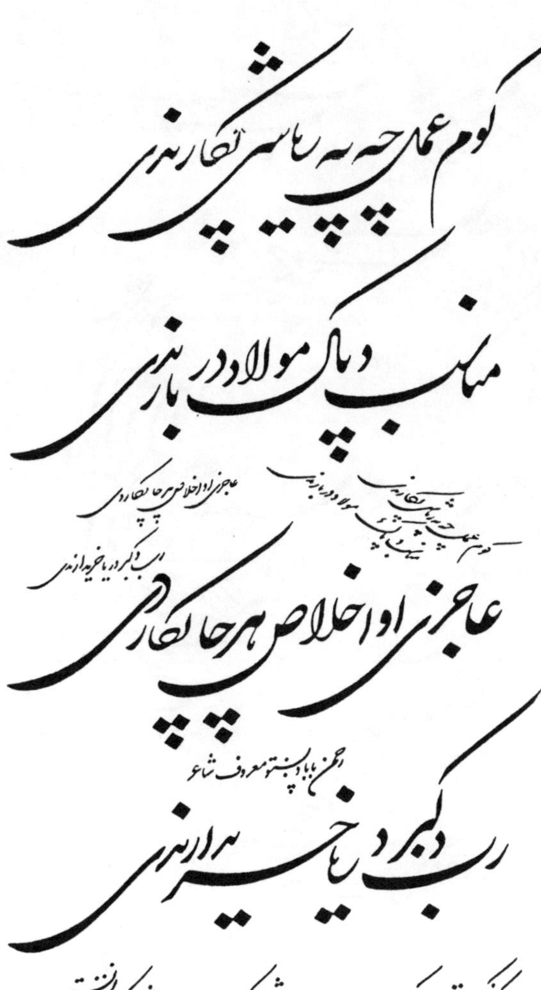

Abb. 28: Vierzeiler (Robāi) in Šekaste-Schrift im Persischen (Afghanistan, 1976).

Abb. 29: Vierzeiler (Robāi) von Xajjām in Šekaste-Schrift (Afghanistan, 1977).

Abb.30: Verzierte Šekaste-Schrift im Persischen (Afghanistan, 1976).

Quellenverzeichnis der Abbildungen

1. Letraset, Kufic Medium, 4145
2. Diringer 1968, 2. Bd.: 207
3. Letraset, Naskhi Berthold, 1258
4. Moinfar 1978: 38
5. Alphabete 1969: 36
6. id.
7. Letraset, 1251
8. Letracet, 1251
9. Vakili 1977/1356: 86
10. id., S. 88
11. id., S. 152
12. Al-Ani 1967: 122
13. Aziza 1973: 70
14. Welch 1979: 128
15. Vakili 1977/1356: 35
16. Kühnel 1942: 49
17. Vakili 1977/1356: 131
18. id., S. 132
19. id., S. 124
20. id., S. 125
21. Jensen 1969: 324
22. Diringer 1968, 2. Bd.: 208
23. Vakili 1977/1356: Widmung
24. id., S. 155
25. id, S. 269
26. Al-Ani 1967: 122
27. Aziza 1973: 36
28. Vakili 1977/1356: 284
29. id., S.329
30. id., S. 347

Literaturverzeichnis

Abdo, Daud A. / Salwa N. Hilu (1968): Arabic Writing and Sound Systems. Beirut.

Adib-Soltāni, Mir-Šamseddin (1975/1354): Darāmadí bar čegunegí-je šivé-je xátt-e Fārsí [Einfürung in die Problematik der persischen Orthographie]. Tehran.

Al-Ani, Salman Hassan (1970): Arabic Phonology. The Hague u.a.

Al-Ani, Salman Hassan / Jacob Y. Shammas (1967): Phonology and Script of Literary Arabic. Montreal.

Alphabete und Schriftzeichen des Morgen- und Abendlandes (1969). Berlin.

Ambors, Arne A. (1982): Einführung in die moderne arabische Schriftsprache. München. 2. Aufl.

Aziza, Mohamed (1973): La calligraphie arabe. Tunis.

Diringer, David (1968): The Alphabet. 2 Bde. London.

Eilers, Wilhelm (1967-): Deutsch-persisches Wörterbuch. Wiesbaden.

Fischer, Wolfdietrich (1972): Grammatik des Klassischen Arabisch. Wiesbaden.

Fischer, Wolfdietrich / Otto Jastrow (1979): Lehrgang für die arabische Schriftsprache der Gegenwart. Bd. I. Wiesbaden.

Földes-Papp, Károly (1975): Vom Felsbild zum Alphabet. Bayreuth.

Grabitz, Brigitte (1983): Die arabische Schrift. Berlin.

Grohmann, Adolf (1967): Arabische Paläographie. I. Teil. Wien.

Harder, Ernst (1968): Arabische Sprachlehre, neubearbeitet von Annemarie Schimmel. Heidelberg. 11. Aufl.

Jensen, Hans (1969): Die Schrift in Vergangenheit und Gegenwart. Berlin. Reprint der 3. Aufl. 1984.

Kästner, Hartmut (1981): Phonetik und Phonologie des modernen Hocharabisch. Leipzig.

Kästner, Hartmut / Albert Waldmann (1992): Aussprache und Schrift des Arabischen. Leipzig. u.a. 3., durchgesehene Aufl.

Khelifati, Abderrahim (1991): Phonetik in Lehrbüchern der arabischen Sprache. Frankfurt am Main u.a.

Kühnel, Ernst (1986): Islamische Schriftkunst. 3. Aufl. Nachdruck. der Originalausgabe.

Letraset, International LTD. England.

Majidi, Mohammad-Reza (1984) Das arabisch-persische Alphabet in den Sprachen der Welt. Hamburg. (Forum Phoneticum 31).

Majidi, Mohammad-Reza (1985) Strukturelle Grammatik des Neupersischen (Fārsi). Bd. I: Einleitung, Phonetik und Phonologie. Hamburg (Forum Phoneticum 34.1.).

Marçais, W. (1911): Textes arabes de Tanger. Paris.

Meier, Georg F. / Barabara Meier (1979): Handbuch der Linguistik und Kommunikationswissenschaft 1., Sprache Sprachentstehung Sprachen. Berlin.

Moinfar, M.-Djafar (1978): Grammaire du persan. Paris.

Nadzhip, E. N. (1971): Modern Uigur. Moscow.

Paper, Herbert H. / Mohammad-Ali Jazayery (1976): The Writing System of Modern Persian. New York.

The Principles of the International Phonetic Association (1974). London.

Rāhǰiri, Ali (1966/1345): Tārīx-e moxtasár-e xát va séjr-e xošnevisí dar Irā́n [Kurze Geschichte der Schrift und der Prozeß der Kalligraphie im Iran]. Tehran

Schimmel, Annemarie (1970): Islamic Calligraphy (Iconography of Religions, Section 22/1). Leiden.

Vakili, Azizoddin (1977/1356): Xazinát-ol-Ašrā́f [Schatz der Aristokraten; über die Kalligraphie des arabisch-persischen Alphabets]. Kabul.

Wahbi, Taufiq (1956): Kurdisch Grammar. Part 1. Bagdad.

Welch, Anthony (1979): Calligraphy in the Arts of the Muslim World. New York.

Wendt, Heinz F. (1987): Sprachen. Fischer-Lexikon Bd. 25. Frankfurt am Main. Durchgesehene und korrigierte Neuaufl.

Zawadowskij, Y. N. (1967): Berberskij jazyk [Die Berbersprache]. Moskau.

Verzeichnis der Schriftnamen

Verzeichnis der Sprachnamen

Das arabisch-persische Alphabet

(mit Ligaturen und Zeichnungen)

چ a.[1)] p./č/	ج a./ǰ/ p./ǰ/	ث a./θ/ p./s/	ت a./t/ p./t/	پ a.[1)] p./p/	ب a./b/ p./b/	ا a./a:, ʔ/ p./e,a,ā,o,ʔ/ [ʔ]
ژ a.[1)] p./ž/	ز a./z/ p./z/	ر a./r/ p./r/	ذ a./ð/ p./z/	د a./d/ p./d/	خ a./x/ p./x/	ح a./ħ/ p./h/
ع a./ʕ/ p. *wie*	ظ a./ƶ/ p./z/	ط a./ŧ/ p./t/	ض a./đ/ p./z/	ص a./ꞩ/ p./s/	ش a./š/ p./š/	س a./s/ p./s/
م a./m/ p./m/	ل a./l/ p./l/	گ a.[1)] p./g/	ك a./k/ p./k/	ق a./q/ p./ǧ/	ف a./f/ p./f/	غ a./ǧ/ p./ǧ/
	ء a./ʔ/ p./ʔ/, [ʔ]	ى a./j,i:,a:/ p./j,i/	و a./w,u:/ p./v,o,u/	ه a./h/ p./h,e,a/	ن a./n/ p./n/	
مم مـ(م) + ـم(م)	كى كـ(ك) + ى	لى لـ(ل) + ى	لحـ لـ(ل) + حـ(ح)	نجـ نـ(ن) + جـ(ج)	محـ مـ(م) + حـ(ح)	پخـ پـ(پ) + خـ(خ)
فى فـ(ف) + ى	الا لـ(ل) + ا	لا لـ(ل) + ا	عحـ عـ(ع) + حـ(ح)	لمحـ ل + م + ح	لم لـ(ل) + م	فحـ فـ(ف) + حـ (ح)
؟! ؟ !	ين يـ(ى) + ن	٠٩٨٧٦٥٤٣٢١ 0 9 8 7 6 5 4 3 2 1			يم يـ(ى) + م	قى قـ(ق) + ى

1) Im arabischen Schriftsystem nicht vorhanden. a. = arabisch p. = persisch

Wolfgang G. A. Schmidt
Einführung in die chinesische Schrift- und Zeichenkunde
2., überarbeitete und erweiterte Auflage 1996.
3-87548-108-9. Kartoniert. *In Vorbereitung.*

Uwe Petersen
Einführung in die griechische Schrift
1988. 128 S. und 1 Schrifttafel.
3-87118-748-8. Kartoniert.

Johannes Kramer und Sabine Kowallik
Einführung in die hebräische Schrift
1994. XVI, 68 S. und 1 Schrifttafel.
3-87118-986-3. Kartoniert.

Berthold Schmidt
Einführung in die Aussprache und Schrift des Japanischen
mit Übungen und Lösungen
1995. 167 S. und 1 Schrifttafel.
3-87548-062-7. Kartoniert.

Wolfgang G. A. Schmidt
Einführung in die koreanische Schrift
Mit einem sprach- und landeskundlichen Abriß
1990. 150 S. und 1 Schrifttafel.
3-87118-965-0. Kartoniert.

Gero Fischer
Einführung in die thailändische Schrift
3., vollständig neu bearbeitete Auflage 1993. 80 S.
3-87548-054-6. Kartoniert.

Wolfgang-Ekkehard Scharlipp und Dieter Back
Einführung in die tibetische Schrift
2., durchgesehene Auflage 1996. 93 S. und 1 Schrifttafel.
3-87548-114-3. Kartoniert.